JN344703

똑똑한 대화를 위한 딥 리딩 ❶

우리가 미처 몰랐던

동물의 감정

글 **로터 스테허만** Lotte Stegeman

1979년에 태어났습니다. 2017년까지는 청소년을 대상으로 한 뉴스매체 키즈위크(Kidsweek)와 세븐데이즈(7Days)의 편집장으로 활동했습니다. 이러한 경험을 통해 복잡하고 흥미로운 주제를 아름답고 쉽게 풀어나가는 힘을 길렀습니다. 그리고 그 힘이 반짝이고 매력적인 글의 원동력이 됐습니다. 로터는 동물의 과거와 현재, 자연, 기후, 그리고 과학에 관한 이야기를 좋아합니다. 특히 최근에는 인간과 다른 동물과의 관계에 관심이 많습니다. 자신의 책, 이야기, 학교 방문에서 만나는 아이들에게 동물과 자연에 관한 관심을 심어주는 것보다 더 뿌듯한 일은 없다고 말합니다. 이를 통해 부모님들도 관심을 가지면 더할 나위 없지요.

그림 **마르크 얀선** Mark Janssen

아트 아카데미에서 공부하고, 졸업 후 1997년 스튜디오를 마련해 전업 일러스트 작가의 길로 들어섰습니다. 1997년 출판사 Lemniscaat에서 첫 번째 어린이책을 출간한 이후, 2018년까지 네덜란드, 벨기에 그리고 중국 등 세계 여러 나라의 출판사들과 일하며 450권에 이르는 어린이책과 그림책을 작업했습니다.

옮김 **최진영**

어린 시절, 수많은 전학과 이사로도 부족해 네덜란드까지 건너가 항공우주법학을 공부했습니다. 다양한 국적, 다양한 언어를 사용하는 사람들과 부대끼며 얻은 것은 국가와 언어를 초월해 그 사람을 이해하는 능력입니다. 그 이해력이 다른 문화의 작품을 소개하는 데 가장 중요하다는 신념으로 번역에 임하고 있습니다. 네덜란드 레이던 대학교 항공우주법학과에서 학생들을 가르치는 동시에 왕립 네덜란드 항공우주연구소의 컨설턴트로 근무 중입니다. 번역 에이전시 엔터스코리아에서 번역가로 활동하고 있습니다. 옮긴 책으로는 『그게 사랑이야』, 『꿈꾸는 너에게』, 『돼지의 복수』,『13살을 위한 놀라운 동물사전 321』,『환상 동물 특급』등 다수가 있습니다.

카메라 아이콘(*본문 내 카메라 이미지)은 관련 영상이 있다는 뜻입니다.
QR 코드를 통해 영상을 확인해 주세요.

똑똑한 대화를 위한 딥 리딩 ❶

우리가 미처 몰랐던 동물의 감정

글 로터 스테헤만 그림 마르크 안선 옮김 최진영

다선 어린이

나의 사랑스럽고 질투 많은 야수,

플립에게 바칩니다.

차례

제인 구달의 편지

저는 날 때부터 동물을 사랑했습니다. 동물의 행동은 언제나 흥미로웠죠. 저는 1934년에 태어났는데, 제가 어렸을 때는 집에 텔레비전이 없었습니다. 사실 그 시절에 텔레비전이라는 건 거의 찾아볼 수 없었죠. 그래서 저는 집 주변에서 다람쥐, 새, 곤충 등 동물을 관찰하고, 책을 읽으며 동물에 대해 배웠습니다. 우리 가족은 고양이뿐만 아니라 수많은 반려동물을 키웠습니다. 낮에는 집 안을 자유롭게 날고, 밤에만 새장으로 들어가던 카나리아도 있었어요. 제가 동물을 가두는 것을 싫어했기 때문입니다. 그 밖에도 저와 함께 산책하던 기니피그 두 마리, 소파에 사는 햄스터, 보호소에서 데려온 거북이 두 마리, 느릿느릿 기는 지렁이가 있었습니다. 제가 열두 살 때는 러스티가 제 삶에 들어왔어요. 러스티는 제가 만난 개 중에서 가장 영리했습니다. 학교에 같이 가는 것만 빼면 모든 일을 함께했죠! 저와 같이 살았던 동물들은 자신만의 개성이 있었습니다. 저는 이 친구들이 행복한지, 우울한지, 화나는지, 겁나는지 알 수 있었어요. 언제 아픈지도요.

열 살 때 저는 아프리카에서 야생 동물들과 함께 살고 싶어서 그들에 관한 책을 쓰기로 결심했습니다. 모두가 저를 비웃었어요. 아프리카는 너무 멀고, 우리 집에는 돈이 별로 없었거든요. 게다가 그때 저는 어린아이에 불과했습니다. 80년 전에는 여자아이들에게 허용되는 것이 그리 많지 않았죠. 하지만 제 어머니는 달랐습니다. 어머니는 제게 꿈을 이루고 싶다면 정말 열심히 노력해야 하고, 기회가 생기면 붙잡아야 한다고 말했습니다. 그러다 보면 방법을 찾을 수 있을 거라고요. 그리고 다들 알다시피, 저는 방법을 찾아냈습니다!

1960년, 저는 마침내 아프리카 탄자니아의 곰베 국립 공원에 도착했습니다. 돈을 모아서 오랜 친구와 함께 케냐에 머무르려고 했죠. 저는 그곳에서 유명한 과학자인 루이스 리키(Louis Leakey) 박사를 만났습니다. 그는 제가 침팬지를 연구할 수 있도록 장학금을 마련해 주었습니다. 침팬지 연구는 그때까지 누구도 한 적이 없었죠. 처음에 침팬지들은 제가 다가가면 도망치기 바빴습니다. 하지만 우리는 서서히 가까워졌고, 저는 침팬지마다 성격이 다르다는 걸 알게 됐습니다. 세상에, 침팬지와 인간은 닮은 점이 얼마나 많은지. 키스, 포옹, 악수, 도구 제작과 사용 등 비슷한 부분이 정말 많았습니다. 침팬지는 비열하고 공격적으로 행동할 수도 있지만, 배려하고 사랑할 수도 있습니다. 또, 침팬지도 사람처럼 친척들과 친밀한 관계를 맺었습니다. 아이가 죽으면 슬퍼하고 우울해했죠. 반대로 엄마가 죽으면 아이가 애도했습니다. 인간처럼 말입니다.

여러분은 이 책을 통해 지구에서 같이 살아가는 수많은 동물에 대한 놀라운 사실을 발견할 수 있을 것입니다. 또한 그들에게 영감을 얻어 더 많이 배워 나갈 것입니다. 동물에 대해 배우고 이해할수록 크게 깨닫는 사실이 있습니다. 동물이 감정을 느낀다는 걸 알지 못하는 사람들이 대개 학대를 저지른다는 것입니다. 여기서 동물이란 유인원, 원숭이, 코끼리, 고래뿐만 아니라 소, 돼지, 설치류, 새, 닭 모두를 포함합니다.

우리는 여덟 살이든 여든 살이든, 나이와 상관없이 삶에 변화를 줄 수 있습니다. 몸이 불편한 반려인과 사는 개를 산책시켜 주는 작은 일이라도 말이죠. 하지만 작은 일을 할 때 꼭 기억해야 할 한 가지가 있습니다. 물 한 방울은 보잘것없지만, 그 한 방울이 모여 바다를 이룬다는 것입니다. 마찬가지로 수천 명의 사람이 동물을 돕기 위해 작은 일을 하면 커다란 바다를 배려로 가득 채울 수 있습니다. 저는 동물을 위해 놀라운 일을 하는 수백 명의 아이를 알고 있습니다. 그들 중 대부분이 '뿌리와 새싹' 캠페인에 참여하고 있습니다. '뿌리와 새싹'은 전 세계의 수많은 청소년이 함께하는 환경 운동 모임입니다. 참고로 '뿌리와 새싹' 웹사이트를 통해 여러분도 함께할 수 있습니다.

많은 아이가 동물을 좋아하지만, 동물을 행복하게 하는 방법은 잘 모릅니다. 이 책은 그런 면을 바꾸는 데 도움이 될 것입니다. 이 책에는 동물이 우리처럼 감정을 느낀다는 것을 분명히 보여 주는 멋진 이야기가 가득합니다. 여러분은 공감하는 보노보, 슬픔에 잠긴 침팬지와 범고래, 행복한 잉꼬, 질투심 많은 원숭이, 배려하고 사랑하는 개 등을 만날 것입니다. 그들의 이야기를 읽고 나면 동물을 사랑하게 될 뿐만 아니라 더 잘 이해할 수 있을 것입니다. 그들에 대해 친구, 가족과 이야기를 나눌 수도 있겠죠. 우리가 힘을 합치면 동물을 위해 더 아름다운 세상을 만들 수 있습니다.

제인 구달(Jane Goodall)

동물 행동학 박사, 제인 구달 협회와 뿌리와 새싹 대표, 유엔 평화 메신저,

세계자연보전연맹 소속 자연 수호자

들어가며

동물의 마음속으로 들어가 볼까?

사람의 감정은 이해하기 어렵습니다. 우는 사람에게 슬프냐고 묻거나 웃는 사람에게 즐겁냐고 물으면 대부분 그렇다고 대답합니다. 하지만 사랑에 빠졌냐고 물으면 얼굴을 붉히면서도 아니라며 말을 더듬습니다. 계속해서 질문하고 관찰하면 무슨 감정인지 좀 더 잘 알아낼 수 있겠죠.

말의 힘이란! 말은 내뱉을 수도, 속삭일 수도, 종이에 적을 수도 있습니다. 우리는 말로 수많은 이야기를 하죠. 하지만 여러분이 슬픔에 잠긴 범고래라면 어떨까요? 질투에 사로잡힌 원숭이라면요? 아니면 겁에 질린 개라면 어떨까요? 만약 그렇다면 이웃집 개나 새끼 원숭이가 여러분의 마음속에서 일어나는 일을 이해할 수 있겠죠.

하지만 우리 대부분은 동물의 마음을 전혀 이해하지 못합니다. 사람은 오랫동안 사람만이 감정을 느낄 수 있으며, 동물은 살아 있는 기계와 같다고 생각했습니다. 하지만 수년간 까마귀, 코끼리, 원숭이, 개, 물고기 등을 관찰한 결과 우리는 동물이 기계 그 이상이라는 사실을 알게 됐습니다. 북해의 돌고래부터 아프리카코끼리, 외양간의 소, 이웃집에 사는 앵무새까지 모두의 마음속은 감정으로 가득합니다.

동물은 오랫동안 의인화되어 왔어

동물도 사람처럼 미친 듯이 사랑하고, 질투하고, 기뻐할까요? 글쎄요. 동물이 우리와 똑같은 방식으로 감정을 느끼는지는 알 수 없습니다. 하지만 우리는 종종 동물을 '의인화'하곤 하죠. 동물의 행동을 연구하는 일부 과학자는 의인화라는 단어를 좋아하지 않습니다.

"의인화라니, 말도 안 됩니다."

그들은 콧방귀를 뀌며 말하겠죠. 하지만 다른 동물 행동학자는 한숨을 쉬며 이렇게 말할 것입니다.

"의인화할 수도 있지요."

그러고는 이런 말을 보탤 것입니다.

"가끔은 의인화가 필요하기도 합니다. 제대로 알고 있다면요."

의인화라는 어려운 단어를 두고 전문가들도 옥신각신합니다.

오, 잠깐만요. 이쯤 되면 여러분도 의인화가 무엇인지 궁금하겠네요. 의인화란 동물에게 감정을 부여하는 것을 의미합니다. 사람의 행동을 바탕으로 동물의 감정을 설명하는 것입니다. 아래와 같이 말할 수 있겠네요.

"저기 봐! 저 원숭이는 행복한가 봐. 지금 웃고 있잖아."

"정말 사랑스럽다. 저 강아지가 신나게 다람쥐를 쫓아가네. 같이 놀고 싶나 봐."

하지만 이때 여러분의 생각은 잘못됐을 가능성이 큽니다. 원숭이의 미소는 완전히 다른 의미를 담고 있기 때문입니다. 강아지는 놀고 싶었을 수도 있지만, 다람쥐를 간식으로 먹어 치우고 싶었을 수도 있습니다. 의인화를 하다 보면 핵심을 놓칠 수 있습니다. 오히려 핵심을 찾을 수도 있고요.

과학자들이 콧방귀를 뀌든 아니든, 이 책은 동물을 의인화하고 있습니다. 동물의 행동을 연구하다 보면 사람이 이름 붙인 감정과 상태를 사용하게 되거든요. 여러분도 여러 가지 감정을 알고 있겠죠. 질투, 분노, 행복 같은 감정 말이에요. 혐오도 알고 있을 겁니다. 아까 콧방귀를 뀐 과학자들이 느낀 감정이죠.

어쨌든 이런 감정들은 매우 인간적입니다. 동시에 매우 동물적이기도 하죠. 감정이란 대부분 자연스럽게 생기고, 쓸모가 있으니까요. 감정은 우리가 살아남도록 도와줍니다. 상대에게 보내는 신호이기도 하죠.

그렇다면 우리가 쓰는 감정 표현을 동물에게 적용하지 않을 이유가 있을까요? 동물도 감정을 말로 표현하기 어려울 뿐일 수도 있잖아요. 그래서 동물을 이해하는 것이 중요하답니다. 왜냐하면 우리가 다음과 같은 깨달음을 얻었거든요.

사람은 우리가 생각하는 것보다 평범합니다. 동물은 우리가 생각하는 것보다 더 많은 감정을 느끼고 더 많은

일을 할 수 있죠. 그리고 우리는 그런 동물들을 잘 돌볼 수 있습니다. 반려동물뿐만 아니라 지구상의 모든 동물도 마찬가지예요. 그 동물이 농장에 살든, 동물원에 살든, 실험실에 살든, 야생에 살든 상관없습니다.

알겠죠? 제대로만 이해한다면 의인화란 그렇게 나쁜 단어가 아닙니다. (물론 과학자들은 계속 옥신각신하겠지만요.)

사람도 유인원입니다

이 책은 다른 동물들과 더불어 유인원을 자주 다룰 것입니다. 유인원이란 긴팔원숭이, 침팬지, 보노보, 오랑우탄, 고릴라 그리고 사람을 포함합니다. 맞습니다. 사람도 동물입니다. 다만 이 책에서는 사람과 다른 동물 종을 비교하기 때문에 사람은 따로 구분해서 이야기할 거예요. 그 편이 읽기에 쉽고 간단하니까요.

다윈은 처음으로 동물의 감정을 연구했어

"엄마, 언제까지 이러고 있어야 해요?"

"로버트, 그냥 찰스에게 화분을 줘요. 그럼 가만히 있겠지. 그만 징징댈지도 모르고."

"화분이라니? 내 아들이 생물학자라도 되라는 거야?"

"아빠, 저 심심해요!"

"…."

"여기 있단다, 찰스. 화분이야. 꼭 잡고 있으렴. 됐지? 이제 좀 가만히 있어라. 알겠지? 샤플리스 부인 쪽을 보며 좀 웃고. 이 그림들이 얼마나 비싼지 알고나 있니?"

1816년 영국에서 그려진 그림에는 발그레한 얼굴에 미소를 띤 일곱 살 소년이 앉아 있습니다. 소년의 손에는 노란 꽃이 핀 화분이 들려 있죠. 옛날에는 그림을 그릴 때 아이들을 가만히 있게 하려고 손에 무언가를 쥐여 주곤 했습니다. 몇 시간도 가만히 앉아 있기 힘든데, 그걸 며칠이나 반복해야 하기 때문입니다. 그럴 때 무언가를 잡고 있어야 한다면 움직이

기가 쉽지 않겠죠. 아주 현명한 방법입니다. 하지만 소년의 부모인 로버트 다윈과 수재나 다윈은 아들의 손에 쥐여 준 식물이 얼마나 중요한 역할을 하게 될지 몰랐습니다. 아들인 찰스가 세계적으로 유명한 자연 과학자가 될 줄은 몰랐을 테니까요. 두 사람에겐 찰스를 위한 계획이 따로 있었거든요.

찰스는 자연을 사랑했고 곤충과 작은 동물을 좋아했습니다. 찰스의 아버지는 그런 모습을 좋아하지 않았죠. 의사인 그는 아들이 자신의 뒤를 잇길 바랐습니다. 그래서 찰스는 의대에 진학했지만, 의학을 그다지 좋아하지 않았습니다. 심지어 피를 보면 기절했습니다. 의사로서는 재능이 없었죠. 결국 찰스는 학교를 자퇴했습니다.

"그럼 가서 신학을 공부하려무나."

신앙심이 깊었던 찰스의 아버지는 목사인 아들도 괜찮다고 생각했습니다. 하지만 찰스는 교회보다 자연에 더 흥미를 느꼈습니다. 그래서 신학과 생물학을 함께 공부했죠.

이윽고 스물두 살이 된 다윈은 전 세계를 탐험하기 시작했습니다. 그는 영국의 군함 비글호(HMS Beagle)를 타고 유럽에서 호주, 아프리카, 남미로 여행을 떠났습니다. 다윈은 어선 크기의 고대 포유류 화석을 발견했습니다. 그리고 셀 수 없이 많은 식물과 동물을 보았습니다. 다윈은 태평양의 갈라파고스 제도에 상륙한 최초의 연구원 중 한 명이었습니다.

그곳에서 다윈은 거북과 참새목, 특이하게 생긴 핀치 새를 보았습니다. 약 5년 후 다윈은 자신이 발견한 것과 여행 가방에 싣고 다닌 것에 대해 몇 년 동안 곰곰이 생각한 끝에 글을 쓸 수 있었습니다. 그러면서 지구상의 모든 생명체는 하나의 공통 조상에서 시작되었다는 것을 점점 확신할 수 있었습니다. 수백만 년 동안 다양한 종류의 식물과 동물이 세상에 나타나고 성장했습니다. 각자 사는 환경에 적응했고요. 이걸 진화라고 합니다. 진화는 매우 느리게도, 빠르게도 이루어졌습니다. 환경에 잘 적응하는 식물과 동물만이 살아남았죠.

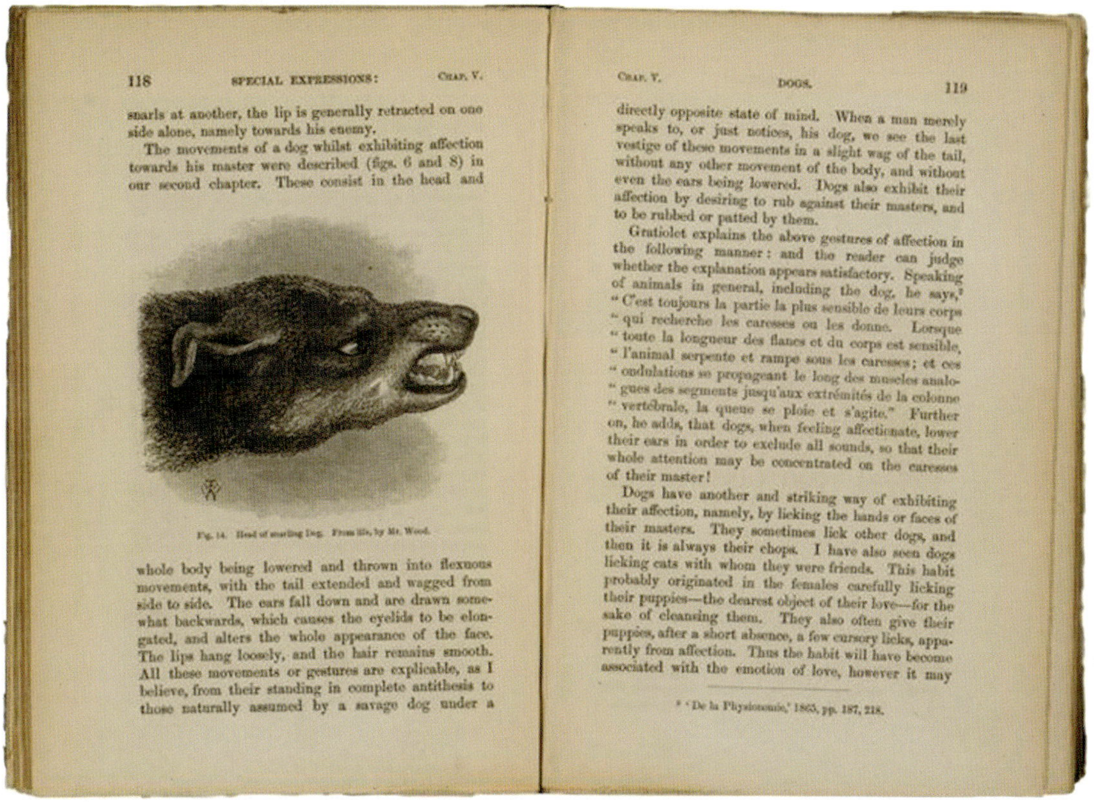
118 SPECIAL EXPRESSIONS: CHAP. V.

snarls at another, the lip is generally retracted on one side alone, namely towards his enemy.

The movements of a dog whilst exhibiting affection towards his master were described (figs. 6 and 8) in our second chapter. These consist in the head and

Fig. 14. Head of snarling Dog. From life, by Mr. Wood.

whole body being lowered and thrown into flexuous movements, with the tail extended and wagged from side to side. The ears fall down and are drawn somewhat backwards, which causes the eyelids to be elongated, and alters the whole appearance of the face. The lips hang loosely, and the hair remains smooth. All these movements or gestures are explicable, as I believe, from their standing in complete antithesis to those naturally assumed by a savage dog under a

CHAP. V. DOGS. 119

directly opposite state of mind. When a man merely speaks to, or just notices, his dog, we see the last vestige of these movements in a slight wag of the tail, without any other movement of the body, and without even the ears being lowered. Dogs also exhibit their affection by desiring to rub against their masters, and to be rubbed or patted by them.

Gratiolet explains the above gestures of affection in the following manner: and the reader can judge whether the explanation appears satisfactory. Speaking of animals in general, including the dog, he says,[7] "C'est toujours la partie la plus sensible de leurs corps "qui recherche les caresses ou les donne. Lorsque "toute la longueur des flancs et du corps est sensible, "l'animal serpente et rampe sous les caresses; et ces "ondulations se propageant le long des muscles analogues des segments jusqu'aux extrémités de la colonne "vertébrale, la queue se ploie et s'agite." Further on, he adds, that dogs, when feeling affectionate, lower their ears in order to exclude all sounds, so that their whole attention may be concentrated on the caresses of their master!

Dogs have another and striking way of exhibiting their affection, namely, by licking the hands or faces of their masters. They sometimes lick other dogs, and then it is always their chops. I have also seen dogs licking cats with whom they were friends. This habit probably originated in the females carefully licking their puppies—the dearest object of their love—for the sake of cleansing them. They also often give their puppies, after a short absence, a few cursory licks, apparently from affection. Thus the habit will have become associated with the emotion of love, however it may

[7] 'De la Physionomie,' 1865, pp. 187, 218.

물론 우리는 세계적으로 유명한 진화론을 세운 다윈이 이후 편히 쉬었으리라 생각할 수도 있습니다. 하지만 다윈은 달랐습니다. 그는 사람과 동물이 어떻게 감정을 표현하는지 보여 주는 두꺼운 책을 썼습니다. 19세기에는 동물이 무언가를 느낀다고 믿는 사람이 거의 없었습니다. 하지만 다윈은 확실히 알고 있었습니다. 많은 동물이 사람처럼 감정을 갖고 있다는 걸요. 우리가 감정을 느끼는 유일한 존재가 아니라는 건 놀랄 일이 아닙니다. 결국 우리는 모두 같은 조상을 공유하고 있으니까요. 때때로 사람이 감정을 표현하는 방식은 동물과 비슷하기도 합니다. 다윈의 책에는 화나거나 행복한 고양이와 개, 실망한 원숭이, 소리를 지르는 아이들의 그림과 사진이 있습니다.

찰스 다윈이 죽은 후 대부분은 그 책에 대해 잊어버렸습니다. 그에 관한 연구가 다시 시작될 때까지 100년 이상이 걸렸죠. 하지만 점점 더 많은 과학자가 동물의 감정에 대해 연구하기 시작했습니다. 그리고 그들은 다윈의 책에 관심을 가지기 시작했습니다. 수재나와 로버트가 이 사실을 알았다면 얼마나 좋았을까요?

동물의 감정을 어떻게 알아낼까?

원숭이, 돌고래, 쥐, 물고기는 자신에게 무슨 일이 일어나는지 말로 설명할 수 없습니다. 하지만 그렇다고 방법이 없는 것은 아니죠. 우리는 행동, 소리, 냄새, 몸짓 그리고 표정을 통해 동물의 상태를 알아낼 수 있습니다. 생물학자와 과학자들은 다양한 방식으로 동물을 연구합니다.

야생에서 관찰하기

"봐, 저기 원숭이가 있어."

"일어난다. 뭘 하려는 거지?"

"오, 다시 앉네."

"먹는다."

"…."

“조금 불편해 보이는데. 안 그래? 인상을 찌푸리고, 입꼬리가 내려가 있잖아.”

“…”

“아, 저게 거슬렸나? 아, 싫다. 냄새나잖아!”

동물의 행동을 관찰하고, 몸짓과 표정을 연구하고, 소리에 주의를 기울이면 많은 것을 알아낼 수 있습니다. 수많은 과학자가 이런 방식으로 동물을 연구합니다. 몇 주 동안 움직이지 않고 덤불에서 새나 원숭이 무리를 지켜보죠. 문어 같은 수중 생물을 염탐하기도 합니다. 이 작업은 흥미진진할 때도 있지만, 때로는 너무 지루해서 잠이 오기도 하죠.

야생 동물은 옷을 입고 쌍안경을 목에 건 동물이 있으리라고 생각하지 못합니다. 게다가 사람은 숨어서 관찰하기 때문에 동물의 눈에 띄지 않을 가능성이 높죠. 그리고 야생 동물은 야생에서 가장 자연스러운 행동을 보일 가능성이 큽니다.

동물원에서 관찰하기

야생에서 동물을 관찰하려면 많은 시간이 필요합니다. 하지만 몇 주, 몇 달 동안 나무 뒤에서 동물을 지켜보긴 어렵죠. 그래서 동물원이나 보호소에서 동물을 연구하는 과학자도 많습니다. 침팬지를 보고 싶다면 동물원에 가서 편한 장소를 찾기만 하면 됩니다. 침팬지가 당신을 볼 수 있다는 건 큰 문제가 되지 않습니다. 동물원의 동물들은 이미 관람객에 익숙해져 있으니까요. 연구원이 동물과 함께 과제나 게임을 할 수 있는 동물원도 종종 있습니다.

하지만 이런 연구는 동물이 기분 좋을 때만 할 수 있습니다. 그리고 한 가지 단점이 있죠. 동물이 야생에서도 같은 행동을 할지 알 수 없다는 점입니다. 동물원에서는 관람객의 시선을 의식하기 때문에 평소와 다르게 행동할 수도 있습니다.

연구실에서 관찰하기

사람을 연구하는 것처럼 동물의 몸에서 일어나는 일을 연구할 수도 있습니다. 예를 들면, 사람은 공포에 질렸을 때 아드레날린이 생성됩니다. 심박수와 혈압이 올라가고 활력이 넘치게 되죠. 위험에서 도망칠 준비가 된 것입니다.

다른 예시도 있습니다. 사랑하는 사람이나 동물을 껴안으면 옥시토신이 분비됩니다. 옥시토신은 흔히 '포옹 호르몬'이라고 불리며, 행복한 감정을 느끼게 해 줍니다. 그런데 동물도 우리처럼 호르몬이 나올까요? 개의 심장이 빨리 뛰기 시작하는 이유는 무엇일까요? 쥐의 혈압은 언제 내려갈까요? 어떤 동물이 통증을 느낄까요? 여러 질문의 답을 찾기 위해 연구실에서 연구를 진행하기도 합니다. 하지만 이런 연구는 대개 동물에게 즐거운 일이 아닙니다.

MRI 스캔

의사는 자기 공명 영상(Magnetic Resonance Imaging, MRI) 스캔을 통해 신체 내부를 관찰합니다. 사람이나 동물이 특별히 제작된 터널에 누우면 강한 방사선으로 사진을 찍습니다. 기능적 자기 공명 영상(Functuonal Magnetic Resonance Imaging, FMRI)은 감정 연구에 유용합니다. 누군가가 슬프거나 행복하다고 느낄 때, 감정과 관련된 뇌 영역을 관찰할 수 있기 때문입니다.

인간을 포함한 포유류의 뇌는 대체로 비슷합니다. 심지어 새의 뇌에도 감정을 담당하는 특정 기관이 있고, 물고기도 그런 것 같습니다. 하지만 새와 물고기의 뇌를 어떻게 스캔할 수 있을까요? 우리는 터널 속에서도 움직이지 않을 수 있습니다. 그러나 코끼리의 머리를 스캐너에 집어넣거나 참치에게 움직이지 말라고 요구하긴 어렵죠. 그래서 개와 원숭이를 검사하는 데 사용하는 몇 가지 스캐닝 장치가 있습니다. 수개월 동안 훈련해야 하지만, 잘 훈련된 개는 스캔에 능숙합니다.

얼굴과 감정

우리는 사람의 얼굴에서 감정을 읽을 수 있습니다. 감정을 읽는 게 어려울 때도 있지만, 확실하게 알아챌 때도 있죠. 1970년대에는 얼굴과 감정에 관한 연구가 진행됐습니다. 안면 근육을 자세히 관찰하고, 어떤 감정을 느끼는지 밝혀냈죠. 이를 FACS, 즉 얼굴 움직임 부호화 시스템(Facial Action Coding System)이라고 부릅니다. 과학자들은 침팬지, 개, 말을 위한 특별 시스템도 제작했습니다. 이 시스템으로 동물의 얼굴 근육을 관찰하고 기록했죠.

서모그래피

동물의 몸에서 일어나는 일을 발견하는 또 다른 방법이 있습니다. 바로 체온을 측정해 화면으로 진단하는 서모그래피(Thermography)입니다. 적외선 카메라로 촬영하기 때문에 동물을 괴롭히지 않고 몸의 온도를 색상으로 확인할 수 있습니다. 일반적으로 체온이 높은 부분은 어두운색으로, 낮은 부분은 밝은색으로 보입니다. 심리학자이자 유인원을 연구하는 학자인 마리스카 크러트(Mariska Kret)는 서모그래피를 통해 연구를 진행했습니다. 보노보가 영상을 볼 때, 카메라로 코끝 온도를 측정했죠. 원숭이(또는 인간)는 흥분하면 코가 차가워지는 경향을 보이기 때문입니다.

벌과 거위의 언어

네덜란드인 카를 폰 프리슈(Karl von Frisch)와 니코 틴베르헌(Niko Tinbergen)과 오스트리아인 콘라트 로렌츠(Konrad Lorenz)는 1930년대에 동물의 행동을 연구했습니다. 그들은 세계적으로 유명해져서 노벨상도 받았죠. 프리슈는 꿀벌이 춤으로 대화한다는 것을 알아냈습니다. 니코와 로렌츠는 거위의 몸짓 언어를 연구했습니다. 새는 표정이 별로 없습니다. 하지만 그들은 거위의 몸짓이 감정을 그대로 나타낸다는 것을 발견했습니다. 또한 병아리가 부화한 직후 처음 보는 존재가 매우 중요하다는 사실도요. 엄마가 아니라 이상한 생물학자 아저씨라도 병아리가 그를 따를 가능성은 아주 높습니다.

다양한 동물들

어떤 방법을 사용하든 동물의 감정을 연구하는 일은 매우 복잡합니다. 어류, 파충류(뱀, 악어 등), 양서류(개구리, 도롱뇽 등), 절지동물(거미, 곤충, 게, 바닷가재 등)의 뇌는 포유류나 조류의 뇌와는 완전히 다릅니다. 그렇다고 이 동물들이 아무것도 느끼지 않는다는 말은 아닙니다. 한편으로 뇌가 없는 동물도 있습니다. 벌레, 달팽이, 해파리 등이 있죠. 이런 동물을 연구하는 일은 쉽지 않습니다.

감정과 느낌

얀 반 호프(Jan van Hooff)는 세계에서 가장 잘 알려진 행동 생물학자 중 한 명입니다. 얀은 유인원의 표정에 대해 잘 알고 있죠. 유인원이 웃는 것처럼 보인다면 이 웃음은 행복을 뜻할까요? 아니면 두려움을 뜻할까요? 원숭이의 미소가 각기 다른 의미를 지닌 건 확실합니다. 얀은 오랫동안 동물을 연구했기 때문에 그들의 웃음을 거의 똑같이 흉내 낼 수 있습니다. 그리고 동물의 행동을 궁금해하는 우리에게 감정과 느낌의 차이

점을 설명해 줄 수 있습니다. 감정은 특정한 외부 자극에 의해 일어나는 반응, 느낌은 감정을 의식적으로 자각하는 것을 말합니다. 얀 반 호프는 동전의 양면을 예로 들어 설명합니다.

“동전을 들어 볼까요? 이렇게 양면이 있습니다.” 얀이 말합니다.

“한쪽 면에는 감정이 있습니다. 분노와 공포 같은 것이죠. 이건 볼 수도, 측정할 수도 있습니다. 하지만 동전은 다른 면도 가지고 있죠. 그 뒷면은 볼 수 없습니다. 바로 이 뒷면에 느낌이 있습니다. 동물의 머릿속에서 정말로 일어나는 일 말입니다.” 그러니 느낌을 볼 수 없다고 해도, 존재하지 않는 것은 아닙니다.

“침팬지를 보면, 동전의 양면이 인간과 비슷하다는 걸 알 수 있습니다.” 얀이 계속해서 설명합니다.

“왜냐면 침팬지 같은 동물은 우리와 비슷하거든요. 마찬가지로 개를 연구하는 일도 쉽습니다. 하지만 다른 동물은 연구하기 어렵습니다. 문어는 같은 종족을 보면 색이 변합니다. 문어는 상대를 볼 때 뭔가를 느끼는 걸까요? 이를 증명하기란 어렵습니다. 마찬가지로 바닷가재의 뒷면을 연구하는 일도 너무 어렵겠죠. 하지만 그렇다고 동전의 뒷면을 부정할 순 없습니다.”

감정으로 가득한 동물들

우리는 동물의 마음을 잘 모릅니다. 다만 어떤 동물(유인원)의 감정은 다른 동물(지렁이)보다 알아내기 훨씬 쉽습니다. 최근 수십 년 동안 과학자들은 매우 재미있고 특이한 발견을 했습니다. 대부분은 우리와 유사한 유인원에 관한 것이지만, 동시에 다른 동물에 대한 사실도 배울 수 있습니다. 심지어는 지렁이 같은 동물까지도요.

이 지구에서 우리와 함께 살아가는 특별하고, 재미있고, 똑똑하고, 사교적이고, 화도 내고, 용감한 동물들을 만날 준비가 되셨나요?

질투

돌을 던지는 침팬지와 영리한 새

우리 엄마한테서 당장 떨어져!

저기 이상한 남자가 있습니다. 남자는 침팬지가 자기를 못 알아볼 거라고 생각하지만 침팬지는 바로 알아차립니다. **저 남자가 우리 엄마한테 원하는 게 뭐지? 당장 저리 가!** 침팬지 모니크(Moniek)는 검은 눈동자로 주변을 둘러봅니다. 남자를 쫓아내려면 무언가 해야 합니다. 그때 발치에 놓인 돌이 보입니다. 모니크는 몸을 숙여 돌을 줍고, 일어나서 손에 든 무기를 확인합니다. 그리고 긴 팔을 뒤로 뻗고는 엄마를 향해 추파를 던지는 침입자에게 돌을 던집니다. 모니크는 돌을 잘 던지지만, 침입자도 돌을 잘 잡습니다. 모니크는 화가 나 보입니다. **조금만 더 기다려. 다음엔 맞힐 거야.** 다음이 있다는 건, 침입자가 또 찾아온다는 뜻이겠죠.

침입자의 이름은 프란스 드 발(Frans de Waal)입니다. 생물학자인 프란스는 아른험에 있는 뷔르헤르스 동물원(Burgers' Zoo)을 종종 방문합니다. 항상 침팬지 마마를 보러 가죠. 마마는 침팬지 무리의 여왕입니다. 침팬지 서식지의 절대적인 지도자이죠. 마마의 허락

없이는 그 누구도 결정을 내리거나 싸우지 못합니다. 만약 무리에서 두 침팬지가 싸우면 곧장 마마에게 불려 갑니다. 한 마리는 오른쪽에서 다른 한 마리는 왼쪽에서 마마의 이를 잡습니다. 마마는 얼마나 똑똑한지, 어느 순간 갑자기 몸을 뒤로 뺍니다. 그러면 두 침팬지는 서로의 팔을 짚게 되죠. 자, 싸움이 해결됐습니다.

하지만 마마를 관찰하려고 무작정 서식지로 들어갈 순 없습니다. 관람객인 듯 멀찍이서 관찰해야 하죠. 하지만 프란스는 예외입니다. 프란스와 마마는 사이가 좋거든요. **저기 또 오네! 좋아, 당장 뛰어가야지. 이봐, 프란스! 프란스!** 마마의 큰딸인 모니크는 프란스를 좋아하지 않습니다. 엄마의 주의를 뺏는 저 남자를 없애 버리고 싶습니다. 프란스가 울타리 앞으로 오면 두 침팬지는 각자 다른 이유로 움직입니다.

마마는 열정적으로 소리를 내며 생물학자 친구에게 인사를 건넵니다. 모니크는 공격을 준비하죠. 과연 훌륭한 투수와 실력 있는 포수입니다. 모니크와 프란스는 야구를 시작해 보는 게 어떨까 싶습니다. 물론 모니크는 싫어할 테지만요.

침팬지도 질투를 느낀다

부모님의 관심을 빼앗을 여동생을 기다리는 아이는 없을 것입니다. 선생님의 관심을 전학 온 신입생에게 뺏기고 싶어 하는 아이도 없겠죠. 나는 정말 갖고 싶은 헤드폰을 가질 수 없는데, 친구는 세 개나 갖고 있다면 불공평하게 느껴질 것입니다. 이런 상황들은 상상만 해도 질투가 나지 않나요?

사람은 자기가 원하는 것을 가진 사람을 질투합니다. 헤드폰, 아빠, 여자 친구, 선생님의 관심을 뺏기면 질투가 날 수 있죠. 그때 우리의 마음에는 비구름이 찾아옵니다. 그래서 상대를 귀찮게 하거나, 상대에게서 도망가거나, 상대에게 상처를 주기도 합니다.

잠깐만요. 모니크가 엄마의 친구에게 돌을 던지는 감정과 비슷하지 않나요? 아하, 저 남자를 쫓아내면 엄마는 다시 내 것이 될 텐데. 이 감정이 바로 질투 아닌가요?

침팬지와 사람의 우정

뷔르헤르스 동물원의 침팬지 우리는 고요합니다. 네 마리의 수컷과 열한 마리의 암컷은 오후에 한두 시간 정도 낮잠을 즐기곤 하죠. 한구석에서는 한 침팬지가 다른 침팬지의 이를 잡아 주고 있습니다. 잠시 후, 둘은 서로 위치를 바꿉니다. 어린 시절에는 엄마가 새끼를 보살펴 주지만, 나이가 들면 서로를 챙겨 줍니다.

두 침팬지에게서 조금 떨어진 곳에 침팬지 한 마리가 망토처럼 등에 담요를 두르고 앉아 있습니다. 가끔 담요 자락을 꼭 쥐고 산책하러 나갑니다. 담요는 그녀의 코트입니다. 다른 한구석에는 한 침팬지가 짚으로 만든 침대에서 자고 있습니다. 스스로 만든 침대입니다. 침팬지 우리의 분위기는 사뭇 차분하고 여유롭습니다.

곧 한 남자가 침팬지 우리를 둘러싼 난간에 올라섰습니다. 모든 침팬지가 잠에서 깨어났죠. 다들 이 남자를 알고 있습니다. 바로 얀 반 호프입니다. 그는 부모님이 시립 동물원의 원장이라 동물원 근처에서 자랐습니다. 침팬지는 친숙한 얼굴을 쉽게 잊지 않습니다. 침팬지들은 장대, 짚으로 만든 침대, 마루에 몸을 숨기고 남자를 훔쳐봅니다. 조용히 지켜보지만 그러면서도 기대하는 눈치입니다. 얀이 무언가 흥미로운 걸 가져온 걸까요? 네, 그렇습니다. 얀은 양동이 가득 싱싱한 채소를 가져와 안전한 거리에서 침팬지들에게 던져 줍니다. 침팬지들은 떨어지는 채소를 향해 돌격합니다. 그리고 채소를 씹으며 그를 쳐다봅니다.

침팬지 마마는 1970년대 초부터 동물원 우리에서 살았습니다. 얀이 동물원에 갔던 어느 여름날, 그를 맞이한 건 마마였습니다. 그들은 수십 년 동안 자주 봐 왔죠. 이제 마마는 나이가 들었습니다. 2016년, 얀은 마마가 오래 살지 못하리란 걸 알았습니다. 마마는 죽음을 앞두고 있었죠. 일반적으로 사육사와 동물원 원장은 침팬지 우리에 들어가지 않습니다. 위험할 수 있기 때문입니다. 몸집이 큰 유인원들은 먼 난간에서 지켜보기만 해야 하죠. 수의사도 다른 방법이 전혀 없을 때만 우리 안으로 들어갑니다. 하지만 마마가 죽기 직전 얀은 위험을 무릅쓰기로 했습니다. 그는 침팬지 우리에 조심스럽게 발을 들여놓았고, 사육사가 얀과 침팬지를 촬영했습니다. 이렇게 찍힌 영상은 수천만 명이 봤고, 얀과 마마는 세계적으로 유명해졌습니다. 더 말할 필요 없이, 영상을 직접 보는 게 낫겠습니다.

동물들의 질투

두 마리의 원숭이가 실험실에 있습니다. 금발에 둥그런 띠처럼 검은 털이 난 모습이 꼭 카푸친 수도사와 닮았습니다. 그래서 카푸친 원숭이라고 불리죠. 이 두 마리 원숭이 사이에는 울타리가 쳐져 있습니다. 연구원은 창문의 둥근 구멍으로 두 원숭이에게 돌을 줍니다. 게임을 하는 것입니다. 두 원숭이는 돌을 받았다가 연구원에게 다시 돌려줍니다. **돌을 줘서 고마워요. 자, 다시 받으세요.** 게임을 한 번 할 때마다 원숭이들은 오이 한 조각을 상으로 받습니다.

두 원숭이는 게임을 즐기며 계속합니다. 돌과 오이 조각을 20번이나 교환하죠. 그런데 갑자기 연구원이 예상치 못한 행동을 합니다. 왼쪽 원숭이에게는 이전처럼 오이 조각을 주지만, 오른쪽 원숭이에게 갑자기 포도를 주는 겁니다. 포도라니요! 원숭이 세상에서 포도란 크림과 마시멜로가 가득한 도넛과 같습니다. 오이보다 훨씬 맛있죠. 오이 조각과는 비교도 안 되는 엄청난 보상입니다.

잠깐 기다려!

하, 저기요! 선생님!

그러시면 안 되죠….

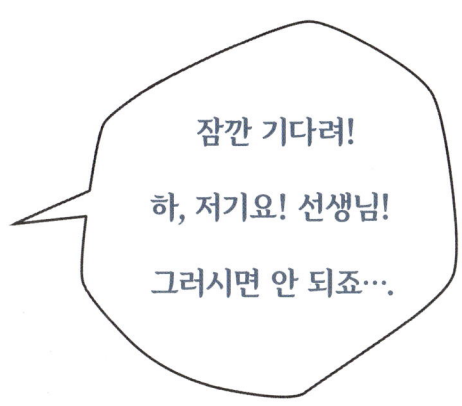

오이 조각을 받은 원숭이는 혼란스럽습니다. 포도를 받은 원숭이는 아무 일도 없었다는 듯 게임을 계속합니다. **좋아요, 다음이요. 계속해 주세요.** 하지만 오이를 받은 원숭이는 게임을 그만둡니다. 그리고 침팬지 모니크처럼 창밖의 여성에게 돌을 던집니다. 오이도 던집니다. **오이는 너나 먹어라!** 원숭이는 울타리를 흔들고, 구멍 밖으로 손을 내밀어 테이블을 흔들며 사납게 굽니다. 다른 원숭이가 자신과 같은 행동을 했는데 더 좋은 선물을 얻어 화가 났기 때문입니다. 그러니까 사납게 행동하는 원숭이를 나무랄 순 없습니다.

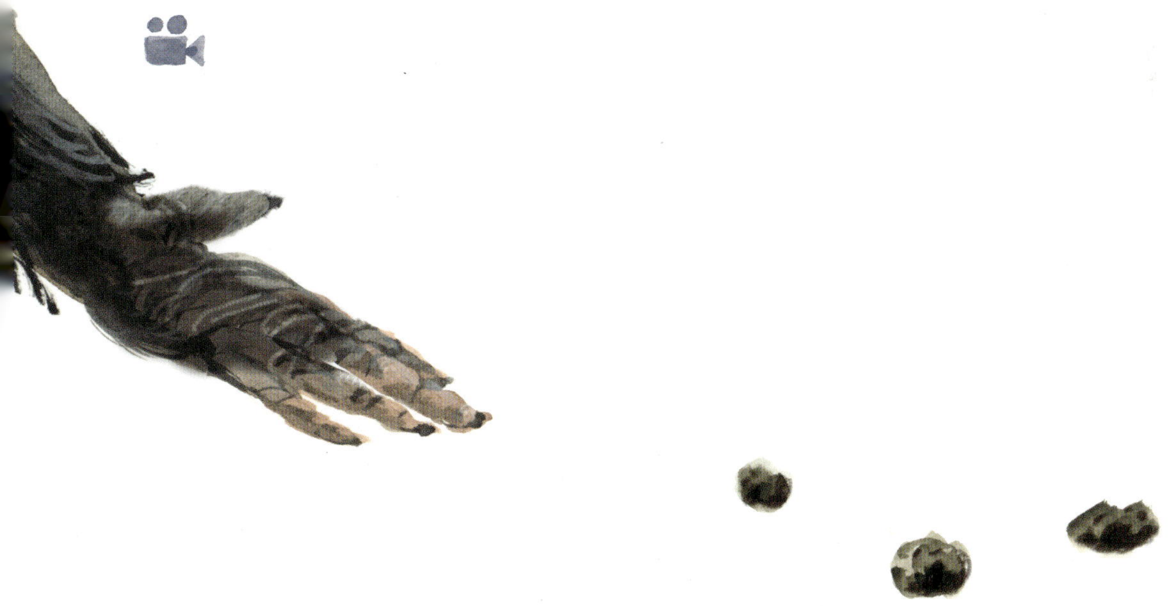

프란스는 마마와 모니크를 자주 보면서 이들의 행동을 예측할 수 있었습니다. 모니크가 돌을 던지는 일에도 익숙해졌죠. 하지만 질투는 동물에게도 흔한 감정이 아니었습니다. 이를 바탕으로 프란스는 유인원의 머릿속에서 일어나는 일을 몇 년 동안 연구했습니다. 또한 질투를 느낄 수 있는 동물들이 있단 걸 알아냈습니다.

잘 생각해 보면 충분히 말이 되는 이야기입니다. 사회적 관계를 형성하는 존재는 자신의 관계를 지키고 싶어 합니다. 사람처럼 침팬지도 누군가 자신의 유대 관계를 위협하면 질투를 느낍니다. 침팬지뿐 아니라 카푸친 원숭이, 개와 몇몇 조류도 마찬가지입니다.

개에 관해 이야기해 보겠습니다. 몇 년 전 한 미국의 교수가 재밌는 연구를 했습니다. 반려인이 반려견 앞에서 움직이는 장난감 개를 껴안고 말을 걸었습니다. 그리고 동물 소리가 나는 책을 펼쳐 들고, 손에 든 호박 모양 장난감이 자신의 주의를 끄는 것처럼 흉내 냈죠. 개는 책이나 호박 장난감에는 관심이 없었지만, 장난감 개는 좋아하지 않았습니다. 반려견은 장난감 개를 반려인에게서 밀어내려고 계속 코를 들이밀었습니다. **이봐, 네 반려인을 찾아가라고!**

유인원과 개를 생각해 봅시다. 유인원은 유전자상으로는 인간과 매우 가깝습니다. 개는 소파에 함께 앉거나 노는 모습이 인간과 닮았지요. 이들에게 질투라는 감정이 있다는 사실은 크게 놀랄 만한 일은 아닙니다. 하지만 친구가 가진 것을 탐내는 까마귀가 있다면요? 까마귀는 머리부터 발끝까지 까맣습니다. 시커먼 밤처럼 검은 정장을 입고 우아한 파티에 가는 신사 같습니다. 그들은 빛나고 동글동글한 눈으로 주변을 샅샅이 훑죠.

까마귀는 똑똑해 보일 뿐만 아니라 실제로도 똑똑합니다. 평균적인 유인원만큼이나 똑

똑하죠. 얼마나 똑똑한지 어지간한 만 4세 아이보다 정리를 더 잘하고 계획을 세울 수 있습니다. 그리고 개보다도 훨씬 똑똑하죠. 까마귀는 친구들을 좋아합니다. 유용하니까요. 동료 까마귀와 좋은 사이를 유지하면 무리에서 우두머리가 될 수도 있고, 생존 가능성도 높아집니다. 몇몇 연구원은 까마귀를 연구하기 위해 6개월 동안 오스트리아의 알프스산맥 덤불 속에 잠복했습니다. 그리고 까마귀가 매우 사교적이란 사실을 발견했죠. 하지만 다른 까마귀 한 쌍을 갈라놓으려 하는 모습도 발견했습니다. 때로는 매우 공격적으로 행동했고, 때로는 그저 둘 사이를 비집고 들어가는 데 그쳤습니다. 까마귀들이 서로 만난 지 얼마 안 됐다면, 50퍼센트 확률로 둘을 떼어 놓는 데 성공했습니다. **그래, 이제 가 버려라. 저기, 안녕? 만나서 반가워. 넌 눈이 참 아름답구나.**

우리는 아직 얼마나 많은 동물이 질투를 느끼는지 확실히 알지 못합니다. 하지만 질투를 느끼는 동물이 개, 원숭이, 새뿐만은 아니겠죠. 동물이 질투를 느낀다고 해서 그들을 걱정할 필요는 없습니다. 질투라는 감정이 그렇게 끔찍한 건 아니니까요. 오히려 질투를 느끼지 못하는 동물은 생존률이 더 낮을 것입니다. 가족과 친구와의 유대 관계를 지키는 건 매우 현명한 행동입니다. 혼자서는 살아남을 수 없기 때문입니다. 열 살짜리 어린 아이도, 나이 든 침팬지도 마찬가지입니다. 하지만 질투를 느끼게 하려다 돌을 맞을 수도 있으니 조심하세요!

공포

겁에 질린 반려견과 코끼리

동물 병원엔 절대 안 갈 거야

가이아는 큰 건물 앞에서 꼼짝도 하지 않습니다. 안에 들어가기 싫은 것이 분명합니다. 절대 들어갈 수 없습니다. 세상에서 가장 큰 뼈다귀를 준다고 해도요. 뼈다귀를 6000개 준대도 안 됩니다. 하지만 문제가 하나 있습니다. 가이아의 반려인은 건물에 들어가고 싶어 합니다. 반려인과 가이아는 동물 병원에 가야만 합니다. 바로 가이아가 겁을 먹은 이유이죠. 가이아는 동물 병원에 있는 모든 것을 무서워합니다. 작은 강아지부터 불도그와 서슴없이 손을 뻗는 어린아이들까지 움직이는 모든 것이 무섭습니다. 가끔은 반려인도 무섭습니다. 모르는 일이잖아요. 아무도 믿을 수 없습니다. 그 누구도요.

가이아는 아주 작은 강아지였을 때 네덜란드로 왔습니다. 그 전까지는 그리스에서 대도시의 거리를 떠돌아다녔죠. 그곳에서 무슨 일이 일어났는지 아무도 모릅니다. 하지만 뭔가가 가이아에게 안 좋은 기억을 준 건 분명합니다. 비록 지금은 몸무게가 25킬로그램이나 나가는 큰 개가 되었지만요. 가이아는 절대 병원에 들어가고 싶지 않습니다. 그래서 바닥에 몸

을 딱 붙인 채 반려인에게 몇 미터나 끌려갑니다. 그러다 넘어지기까지 합니다. **전 절대 안 갈 거예요.** 반려인은 어쩔 수 없이 무거운 가이아를 들어 치료실로 데려가죠. 가이아는 의자 밑으로 숨습니다. 온몸이 떨리고 다리가 뻣뻣해졌습니다. 가이아는 아무도 쳐다보지 못합니다. 심지어 반려인까지도요. 아무도 믿을 수 없습니다.

행동 생물학자 클라우디아 빈케(Claudia Vinke)의 상담실에는 매일같이 겁에 질린 개들이 찾아옵니다. 클라우디아는 이런 개들이 배로 바닥을 쓸며 끌려온다고 말합니다. 하지만 가이아만큼 심하게 공포를 느끼는 개는 별로 없습니다. 보통 클라우디아의 환자들은 시간이 지나면 호기심을 보입니다. 주변을 엿보거나 의자 밑에서 조심스럽게 냄새를 맡고 꼬리를 흔들죠. 하지만 가이아는 아닙니다. 두 시간이 지나도록 이 겁에 질린 동물은 한 발짝도 움직이지 않았습니다.

누구나 공포를 느낀다

우리는 공포를 느낍니다. 어두운 곳에 있을 때, 전쟁이 났다거나 빙하가 녹아내린다는 소식을 들을 때 그렇죠. 간혹 진짜 위험이 닥쳐서 공포를 느낄 때도 있습니다. 맹렬하게 짖는 독일 셰퍼드가 이를 드러내고 쫓아올 때처럼 말입니다.

사람들은 무엇이 자신을 불안하게 하는지 잘 모릅니다. 어째서 수많은 사람이 고작 작은 거미에 겁을 먹는 걸까요? 쥐는 또 어떻고요? 높은 빌딩 꼭대기에 올라가는 걸 무서워하는 이유는 뭘까요? 거미가 당신을 먹어 치우거나 때리는 것도 아닌데 말입니다. 빌딩의 창밖 어딘가로 빨려 나가는 것도 아니고요.

두려움은 원시적인 감정입니다. 당신은 두려울 때 어떻게 행동하나요? 도망가나요? 아니면 가만히 멈추나요? 쓰러지나요? 누군가가 나를 해치기 전에 먼저 공격하나요? 우리는 동물의 세계에서 다양한 행동을 목격할 수 있습니다. 톰슨가젤은 사자에게 쫓길 때 전속력으로 도망칩니다. 정말 빠른 속도입니다. 시속 80킬로미터까지 달리니까 말이죠. 궁지에 몰린

집고양이는 상대가 공격하기 전에 먼저 할퀸니다. 어떤 개들은 불꽃놀이 소리같이 큰 소리를 들으면 오줌을 쌉니다. 사람도 마찬가지고요. 공포는 인간만 느끼는 대단한 감정이 아닙니다.

동물들의 공포

크루거 국립공원(Kruger National Park)은 새들이 지저귀는 소리를 빼면 아주 조용합니다. 그런데 갑자기 수풀에서 거대한 코끼리가 나타납니다. 코끼리는 투덜거리더니 귀를 흔들며 덤불 사이의 고속도로 쪽으로 시선을 던집니다. 무언가에 쫓기고 있는 것 같습니다.

두 번째 코끼리가 나타납니다. 두 번째 코끼리도 마구 뛰어다니며 귀를 파닥거립니다. 아니나 다를까 여기도 코끼리, 저기도 코끼리입니다. 엄마, 딸, 아들까지 열 마리가 넘는 코끼리가 난동을 부립니다. 이 코끼리들이 발을 구르니 거대한 먼지구름이 생깁니다. 코끼리 무리가 귀를 파닥거리고 꼬리를 흔듭니다. 이따금 엄마 코끼리가 저 너머를 쳐다봅니다. 마치 그녀와 적 사이에 아직 거리가 충분한지, 아무도 죽지 않았는지 확인하려는 것처럼 말입니다.

다 잡았나요? 잡았다고요? 자, 그럼 달려요!

코끼리들이 왜 이렇게 난동을 부리는 걸까요? 배고픈 사자나 아기 코끼리를 노리는 하이에나가 나타난 것도 아닙니다. 악어는 확실히 아니고요. 그런데 잠시만요…. 저기, 가까

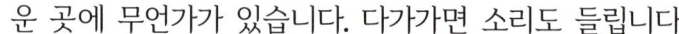

운 곳에 무언가가 있습니다. 다가가면 소리도 들립니다. 무언가 윙윙대는 소리입니다. 벌 떼처럼 보이는데요. 네, 벌 떼입니다. 코끼리에 비하면 한없이 작은, 날개가 달린 조그만 생물이죠. 코끼리는 이 작은 생물이 자신을 죽이기라도 할 것처럼 도망갑니다. **도와줘요! 달려, 여러분! 어린아이들을 먼저 구해야 해요!**

코끼리가 무서워하는 건 쥐가 아닙니다. 그건 우리의 생각일 뿐이죠. 말도 안 되는 이야기이니 코끼리가 듣지 않도록 조심합시다. 하지만 코끼리는 벌을 아주 무서워합니다. 얼마나 무서워하는지 벌이 지나다닐 때 경고하기 위해 내는 특별한 소리까지 있을 정도입니다.

그렇다면 이런 생각이 들 수도 있겠죠.

코끼리들이 정말 우리가 거미를 무서워하듯 벌을 무서워하는 걸까요? 저렇게 두꺼운 피부를 가진 커다란 동물에게 작은 벌이 뭘 할 수 있겠어요? 하지만 코끼리의 의견에도 일리가 있습니다. 한번 싸움을 시작한 벌은 결국 코끼리를 쏘고 말거든요.

눈 옆이나 코는 벌에 쏘이면 매우 아픕니다. 심지어 벌 떼가 모여 새끼 코끼리를 공격하면 아직 피부가 연약한 어린 코끼리는 죽을 수도 있습니다. 개미도 마찬가지입니다. 회색의 거대한 동물들은 마치 토끼처럼 개미를 피해 빠르게 도망칩니다. 그러지 않으면 끔찍한 개미 떼가 코 속으로 들어올 수도 있기 때문입니다. 가젤, 사슴, 토끼처럼 운동 신경이 좋은 사냥감들만 공포심에 도망치는 건 아닙니다. 이제 알겠죠?

위협을 느낄 때 코끼리와는 매우 다르게 행동하는 동물도 있습니다. 포식자가 공격해도 도망치지 않는 사냥감도 있죠. 이런 사냥감은 자기가 토끼나 가젤처럼 빠르게 달릴 수 없다는 걸 잘 압니다. 소를 예로 들어 볼까요? 누군가 "그 사람은 소만큼이나 빨라!"라고 말하는 걸 들어 본 적 있나요? 당연히 없겠죠. 하지만 순하다고 알려진 소도 필요시에는 공격할 수 있습니다. 미국 들소나 유럽 들소처럼 말입니다. 처음에는 이들을 노리던 사자도 어느 순간 수많은 소 떼에 쫓기게 될 것입니다. 세상에나!

여러분은 너무 무서워서 움직일 수 없었던 적이 있나요? 쥐는 적과 마주치면 그 자리에서 얼어붙습니다. 별로 유용한 행동은 아닙니다. 심지어 상황을 악화시킬 수도 있죠. 쥐는 상대가 근육질 염소가 아닌 것을 기뻐해야 합니다. 염소는 깜짝 놀라면 다리가 뻣뻣해져서 넘어지기도 하니까요. 이런 행동은 자연의 섭리이자 실수입니다. 그런데 주머니쥐는 염소나 쥐보다 더합니다. 겁을 먹으면 몸이 굳어서 꼼짝도 하지 못하죠. 눈을 반쯤 뜨고 입을 벌린 채 멍하니 앞만 바라보고 있거든요. 그리고 이것으로도 충분하지 않으면, 엉덩이 근처의 분비샘에서 엄청나게 고약한 악취를 풍깁니다. 이 방법은 피에 굶주린 포식자에게 종종 통합니다. 악취를 맡고는 주머니쥐가 죽은 줄 알기 때문입니다. 하지만 포식자가 속지 않는다면요? 그렇다면

정말 큰일입니다. 의식이 없는 동안 자신을 방어해야 하는데, 상대가 악취에도 아랑곳하지 않는다면 잡아먹힐 수밖에 없거든요.

동물도 사람과 마찬가지로 공포를 느낍니다. 공포를 느끼는 것은 나쁜 일만은 아닙니다. 공포와 두려움은 생존에 도움이 될 수 있기 때문입니다. 공포를 잘 느끼는 사람은 더 조심하는 경향이 있습니다. 그리고 조심성은 우리가 위험에 빠지는 것을 막아 줍니다. 하지만 여러분이 너무 자주 두려움을 느끼거나 큰 공포심을 느낀다면 해결책을 찾아야 합니다. 우리가 뱀이나 애벌레도 아닌데, 바닥에 배를 깔고 살 수는 없으니까요.

공포와 소변

겁에 질리면 소변을 보는 사람과 동물이 있다고 했죠? 과학자들은 여기에도 이유가 있다고 말합니다. 갑자기 공포를 느끼면 뇌는 자동으로 반응합니다. 방광이 꽉 찬 상태에서는 싸우거나 도망칠 수 없으니까요. 그래서 방광을 비우기 위해 소변을 보는 것입니다. 몸아, 고마워!

공포와 생존

독사에게 물리면 생명이 위험할 수 있어 조심해야 합니다. 하지만 정글에서 태어난 어린 오랑우탄은 독사의 위험성을 잘 모릅니다. 게다가 위험성을 가르쳐 주는 보호자가 없다면 어떻게 될까요? 아주 위험하겠죠. 그러니 사육사가 대신 가르쳐 주어야 합니다. 모형 뱀으로요.

분노

화가 난 사자와 엄마 퓨마

우리 사이에 끼어들지 마!

아프리카 케냐의 자연 보호 구역, 마사이 마라의 건조한 초원에 수사자 한 마리가 암사자와 함께 누워 있습니다. 수사자는 암사자의 꼬리를 살짝 무는 장난을 칩니다. 그러고는 정면에서 자신을 찍고 있는 카메라를 느긋하게 응시합니다. **저기요, 그게 뭐죠?** 수사자는 시선을 돌려 여자 친구와 함께 먼 곳을 바라봅니다. 태양이 빛나는 하늘에는 구름 한 점 없습니다. 평화로운 초원에서 사자들과 함께 그냥 누워 있고 싶어질 정도입니다. 왼쪽 뺨은 수사자의 거친 갈기에 대고, 오른손으로는 암사자의 꼬리에 장난을 치면서요.

하지만 그때, 암사자의 여동생이 수사자를 똑바로 쳐다보며 다가옵니다. 그리고 언니에게 장난을 치지 말라며 화를 냅니다. 수사자는 화가 나서 포효하며 동생에게 달려듭니다. 원치 않은 이 방문객의 목을 물어뜯습니다. 수사자의 날카로운 이빨이 드러나고 갈기가 춤을 추듯 흔들립니다.

수사자는 동생을 때려눕힙니다. 불쌍한 동생은 경기에 패배한 권투 선수처럼 드러눕습니다. 하나, 둘, 셋, 넷, 다섯…. 암사자는 그런 동생의 모습을 가까이에서 지켜봅니다. 그러고는 으르렁거리며 이를 드러냅니다. 하지만 그게 다네요.

수사자는 자리에서 일어나고, 풀이 죽은 동생은 바닥에 납작하게 누워 있습니다. 수사자는 가만히 동생을 쳐다봅니다. 동생의 눈빛이 이렇게 말하는 것 같습니다. **공격하지 않을게, 내 말을 믿어도 좋아. 정말이야. 네가 이겼어, 내가 정말 잘못했어.** 수사자는 다시 한번 포효하고 크게 으르렁거립니다. 동생은 여전히 움직이지 않습니다. 그저 수사자의 눈빛을 피하기만 하죠. 얼마 후, 동생은 아주 조심히 뒤로 돌아 자세를 최대한 낮춥니다.

수사자는 긴장을 늦추지 않고 동생을 지켜봅니다. 암사자가 이렇게 기습적으로 덮친다면 정말 큰일인데요. 혹시 머리가 이상해진 걸까요? 동생은 자세를 낮추고 있습니다. 더는 수사자를 괴롭히지 않네요. 수사자는 안심한 채 다시 자리에 털썩 주저앉습니다.

이제 동생은 다시 움직일 준비가 된 것 같습니다. 조심스럽게 일어나서는 자리를 뜹니다. 사자 한 쌍을 뒤에 남겨두고요. 다시 평화가 찾아옵니다. 적어도 얼마간은 이 평화가 유지될 것입니다. **잠깐 나가서 걷겠어요, 내 사랑?**

거울을 정면으로 보고 여러분을 화나게 했던 기억을 떠올려 봅시다. 그리고 정말 화난 표정을 지어 봅시다. 아마도 거울 속 여러분의 얼굴은 모든 근육이 굳어지고, 눈썹은 찡그린 상태일 것입니다. 입매가 단단해져 있나요? 이를 드러내고 있나요? 주먹을 쥔 채, 조금은 으르렁대고 있나요?

분노는 강한 감정입니다. 숨기기 매우 어렵죠. 화가 나면 막말을 하기 쉬워집니다. 화가 폭발하면 큰 소리를 내며 문을 닫기도 합니다. 나무를 발로 차거나 접시를 던지기도 하죠. 그렇다면 동물의 분노도 이렇게 알아볼 수 있지 않을까요? 포효하는 사자를 떠올려 봅시다.

이를 드러낸 개를 생각해 봐도 좋고요. 등을 둥글게 말고 하악거리는 고양이를 상상해도 좋습니다. 또는 울부짖는 곰에게서도 분노를 느낄 수 있습니다.

동물들의 분노

한 남자가 미국 유타주의 가을 산길을 걷고 있습니다. 그러다 나무에서 흩날리는 붉은 잎 사이로 새끼 퓨마를 봅니다. 남자는 핸드폰을 꺼내 듭니다. 머리에서는 이미 경고음이 들리고 있을 것입니다. 야생에서 새끼 주변을 돌아다니는 것은 결코 현명한 행동이 아니기 때문입니다.

새끼 주변에는 보통 엄마가 함께 다닙니다. 엄마는 낯선 사람을 좋아하지 않기 때문에 새끼 가까이 머무르면서 보호하죠. 낯선 사람이 나타나면 엄마는 화를 냅니다. 다치는 것도 겁내지 않습니다. **저리 가, 물러서! 내 아이야.**

그렇습니다. 엄마가 이미 코앞에 왔습니다. **저리 가, 이 이상한 동물아. 쉭! 미쳤어?** 남자는 겁에 질려 욕을 하면서도 계속 영상을 찍으며 뒤로 물러납니다. 엄마 퓨마는 망설이지 않고 남자를 따라갑니다. 이 생명체를 조금도 믿지 않기 때문입니다. 남자는 퓨마의 으르렁거리는 소리를 따라 해 봅니다. 하지만 이런 소리를 내 본 적은 없는 것 같습니다. 으르렁거리는 소리가 조금 이상하거든요. 엄마 퓨마도 소리를 듣고 마음이 바뀐 것 같지 않습니다. 엄마 퓨마는 링 위의 복싱 선수처럼 이리저리 날뛰고, 으르렁대고, 공격하려고 뛰어오릅니다. 무지하게 화가 나 보입니다. **저리 가, 인간아, 가라고. 쉭!**

이럴 바에야, 여기 말고 다른 길로 산책하는 게 나을 뻔했습니다. 남자는 곧 떠날 겁니다. **진짜야. 금방 갈 거야. 새끼에게서 멀리 떨어질 테니 걱정하지 마.** 하지만 엄마 퓨마는 계속 남자를 쫓으며 경고의 메시지를 보냅니다. 엄마 퓨마는 위협하고, 남자는 소리치고, 영상을 찍으며 말합니다. **저리 가, 이 고양이야. 저리 떨어지라고, 이 고양이야. 도와주세요! 안 돼, 공격하지 마. 어서 네 새끼에게로 가렴, 고양아.** 퓨마는 쉬익거리는 소리를 내고, 이빨을 드러내며, 공격 태세를 무너트리지 않으며 남자의 뒤를 몇 분 동안이나 쫓아 산길을 내려갑니다. 남자가 원래 있던 곳까지 몰아내려고요. **저리 가, 인간아! 가라고. 쉭!**

낯선 사람을 따라가지 말렴. 어두운 곳에 혼자 가지 마. 엄마에게서 멀리 떨어지지 말렴. 우리는 아이를 위험에서 지키려 노력합니다. 동물도 마찬가지입니다. 아이를 지키기 위해서라면 무슨 일이든 할 것입니다. 아무 위협도 가하지 않은 인간을 쫓아낸 엄마 퓨마처럼요. 그러니 엄마 곰과 새끼 곰 사이에 끼지 마세요. 엄마 멧돼지와 새끼 멧돼지 사이에도요. 이 동물들을 화나게 하지 마세요. 목숨이 위험해질 수도 있으니까요.

분노는 상대에게 보내는 신호입니다. 입을 다물라거나 도망가라는 뜻을 전하는 데 효과적이죠. 우리는 화를 내는 상대에게서 안정감을 느끼지 못합니다. 만약 어디선가 화난 동물을 봤다면 피하는 게 좋습니다. 다행히 동물 대부분은 먼저 공격하지 않습니다. 똑똑하지 않은 행동이거든요. 공격하다가 적뿐만 아니라 자기도 다칠 수 있으니까요. 누가 그런 상황을 바라겠어요? 아무도 없을 것입니다. 특히나 야생 동물은 공격에 더 신중합니다. 웜뱃, 뱀, 하이에나는 다친 곳에 반창고를 붙이거나 부러진 코를 고칠 수 없으니까요. 멍이 든 눈에 달

갸을 굴려 줄 사람도 없죠. 너무 세게 내리쳐서 발에 멍이 들었다고 해도 상대가 신경 써 주지는 않잖아요. 그래서 무서운 얼굴, 분노한 태도, 위협적인 포효로 상대가 꽁무니 빠지게 도망가게 하는 게 훨씬 나은 방법입니다. **쉭!**

동물이 화를 내는 이유는 별로 복잡하지 않습니다. 누구나 충분한 음식과 마실 것을 원합니다. 대부분은 아기를 보호하고 싶어 하죠. 자신이 안전하다는 걸 느끼고 싶어 해요. 다들 공평하게 대우받길 원하죠. 만약 이런 욕구가 충족되지 않으면 짜증을 부리거나 화를 낼 수 있습니다. 사자, 퓨마, 카푸친 원숭이, 모니크를 생각해 봐요.

사춘기 시절에도 곧잘 화를 냅니다. 화를 잘 내는 청소년기의 남동생, 이웃 소년이나 사촌이 있나요? 사춘기에 자주 짜증이 나는 것은 자연스러운 현상입니다. 청소년기의 곰이나 코끼리, 원숭이도 마찬가지입니다. 십 대 소년들은 충동적일 가능성이 큽니다. 이런 특징은 남성 호르몬인 테스토스테론, 양육 방식과 관련이 있습니다. 청소년기의 수컷 코끼리는 테스토스테론이 많이 나오는 성장 과정을 거칩니다. 호르몬 때문에 성격이 다혈질로 변하고 쉽게 화를 내죠. 우리 주변의 십 대 형제나 사촌, 옆집 소년과 똑같습니다.

하지만 아빠가 없는 청소년 코끼리의 분노는 이보다 오래가기도 합니다. 코끼리 세계에서는 아빠가 없는 것이 흔한 일입니다. 상아를 노린 밀렵꾼에게 사냥당하는 경우가 많거든요. 분노로 가득 찬 어린 코끼리가 호르몬과 에너지를 어디에 써야 하는지 알고 있을까요? 분노가 폭발하면 무슨 일이 일어나는지 알고 있을까요? 바르고 모범적인 코끼리가 될 수 있도록 가르쳐 주는 지혜롭고

침착한 아버지나 다른 수컷이 없다면 이를 배우기 어렵습니다. 그래서 아빠가 없는 어린 코끼리는 친구들과 함께 폭력적으로 행동하기 시작합니다. 코뿔소 무리를 때려눕히고 사람의 마을을 습격하죠.

이렇듯 동물도 우리처럼 화를 냅니다. 화가 난 사자, 고양이, 토끼는 여러분이 화가 났을 때와 그리 다르지 않습니다. 물론 토끼는 화가 나서 할머니의 도자기 접시를 던지진 않지만요.

즐거움

목욕을 즐기는 잉꼬와 킥킥대는 보노보

목욕이 제일 즐거워

펔과 루트는 목욕을 좋아합니다. 언제 기분 전환을 할지 스스로 결정하죠. 암스테르담 어느 집 거실에 사는 둘은 특별한 소리를 내곤 합니다. 마치 **"주인님, 수도꼭지를 틀어 주시겠어요?"**라고 얘기하는 것 같아요. 루트는 할 수 있다면 매일 목욕할 것입니다. 그녀는 물을 사랑하거든요. 물이 얼마나 찬지 생각하지 않고 풍덩 뛰어들죠. 펔은 종종 목욕을 건너뜁니다. 목욕 중에서도 물장구치는 것만 좋아하거든요. **으악, 그렇게 깊이 들어가긴 싫어요. 세상에, 추워라. 아이고, 물 튀기지 말아요!** 이게 바로 펔의 반응입니다.

이 잉꼬들은 개수대로 가는 길을 정확히 알고 있습니다. 펔은 달마티안 그림이 그려진 흰색 컵의 가장자리에 앉습니다. 수도꼭지의 두꺼운 물줄기가 펔의 욕조로 흐릅니다. 펔은 만족하며 초록빛과 빨간빛이 섞인 깃털을 펄럭이죠. 그러고는 날개를 위로 올립니다. 목을 감싼 검정과 하양이 섞인 두꺼운 깃털, 검은빛의 넓적한 부리, 머리 위로 솟은 깃털까지 펔은 이제 막 침대 밖으로 나온 중세 시대의 왕처럼 보입니다. 잠시 주인을 바라본 펔이 욕조로

시선을 돌리고 지저귑니다. 그리고 아름다운 깃털을 펄럭이며 목욕을 즐깁니다. 여전히 컵의 가장자리를 강하게 움켜쥔 채로요. 퍽은 즐겁습니다.

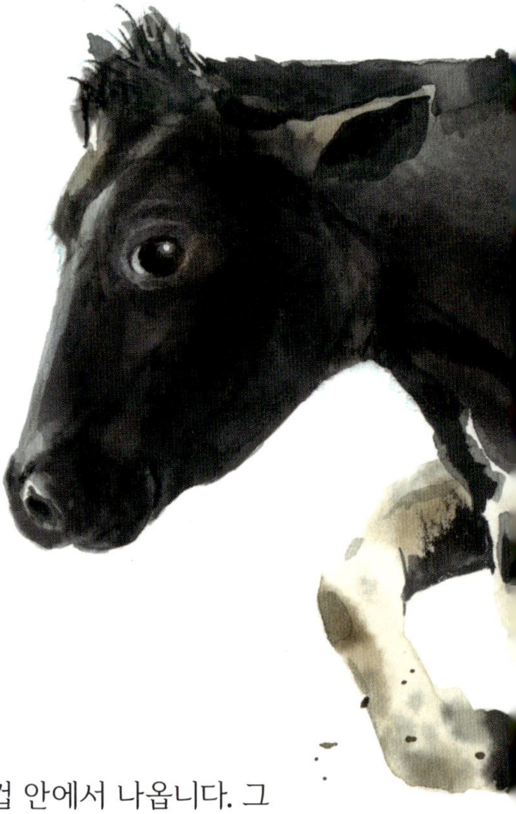

루트는 개수대에서 조금 더 멀리 떨어진 자신만의 천국에 앉습니다. 루트의 목욕법은 조금 독특합니다. 일단 일직선으로 뛰어들어 물속으로 한 번에 들어갑니다. 그러고는 온 힘을 다해 물장구를 치고, 물줄기 앞에 섰다가 이따금 가장자리로 나왔다가 다시 물속으로 들어갑니다. **신난다!** 루트는 퍽처럼 머리 위로 날개를 올려서 물방울을 털어 냅니다. 개수대 뒤의 파란 타일에 물방울이 튑니다.

잠시 후 퍽은 몇 분 전 물에 들어갔을 때처럼 침착하게 컵 안에서 나옵니다. 그러고는 반려인에게 다가가 그녀의 손가락에 단단히 자리 잡습니다. **자, 이제 끝났어요. 나뭇가지 위에 앉아도 될까요?** 반려인은 아직 목욕 중인 루트의 욕조로 가서 손가락을 내밉니다. 루트는 이 방문을 전혀 반기지 않았기에 주인의 손가락을 날카롭게 쪼아 댑니다. **저리 가요! 나 바쁜 거 안 보여요?** 퍽이 나뭇가지로 가는 동안 루트는 개수대의 가장자리로 갑니다.

"다 됐니?" 주인이 묻습니다. 루트는 커다란 눈으로 자신을 옮겨 줄 손가락을 쳐다보고는 단호하게 돌아섭니다. **그럴 리가요!** 짧게 지저귄 루트는 다시 물속으로 들어갑니다. 그리고 똥을 눈 후, 얼마 지나지 않아 손가락 위로 올라옵니다.

안녕하세요. 이제 됐어요. 피곤하네요. 그렇지만 내일이 있잖아요, 그렇죠?

여러분을 행복하게 만드는 건 무엇인가요? 수영하기, 밖에서 놀기, 게임하기, 휴가 가기, 할머니 댁 방문하기, 마요네즈를 듬뿍 바른 감자튀김 먹기…. 여러분을 행복하게 만드는 것이 무엇이든, 우리는 누군가 행복해하면 확실히 알아볼 수 있습니다. 행복한 사람은 웃고, 빛나고, 평소에 내지 않는 감탄사(좋아! 오예! 우아!)를 내곤 합니다. 그리고 킥킥거리거나 춤을 추기도 합니다. 동물도 마찬가지입니다. 잉꼬 루트는 목욕할 때 가장 행복해합니다. 그렇게 보이지 않나요? 물론 루트는 킥킥거리거나 웃음을 터트리지 않습니다. 하지만 신나게 지저귀고 물장구를 치며 행복을 표현합니다.

많은 동물이 행복을 표현합니다. 동물원의 침팬지나 보노보를 봅시다. 서로의 옆에 앉고, 술래잡기하고, 울타리 밖에 있는 사람들을 놀립니다. 야생의 새끼 호랑이들은 함께 모래 속을 뒹굴며 놀지요. 숲속의 아기 곰들은 서로에게 푹 빠져 있습니다. 미어캣들은 마치 놀기 위해서 태어난 것 같아요. 우리는 공이나 나뭇가지를 던져 반려견과 놀아 줍니다. 넓은 공원에서 반려견들이 모여 술래잡기하는 모습도 볼 수 있습니다. 그리고 매년 봄, 소들은 큰 소리로 웁니다. 마치 지루하고 지겨운 수학 수업을 마친 아이들이 운동장으로 뛰어가며 내는 소리 같아요. 심지어 소들은 네 다리로 뛰어오르기도 합니다. **길을 비키세요. 제가 갑니다!** 돼지도 마찬가지입니다. 둥근 원을 그리며 달리고, 진흙 속으로 미끄러져 들어가죠. 장난감에 몸을 던지고 미친 듯이 꼬리를 흔들기도 합니다. 그러고는 행복에 겨워 개처럼 짖기도 하죠. **꿀꿀.** 조금 상상력을 발휘하면 우리의 웃음소리와 비슷하게 들리기도 합니다.

동물들의 즐거움

새끼 보노보 무리가 놀이터의 트램펄린에서 놀고 있습니다. 공중으로 뛰어오르고, 벌렁 나자빠지고, 이리저리 넘어지고, 까치발을 세웁니다. 두 여성이 이들과 함께 놉니다. 입을 벌린 어린 보노보들은 마치 침대에서 안아 달라고 조르는 아이처럼 기대에 찬 채 팔을 내밉니다. **들어 올려요, 들어 올려요!** 여성들은 보노보의 팔을 잡고 둥글게 돌립니다. **한 번 더요.** 보노보는 눈을 반짝이며 웃습니다. 에너지바나 트램펄린 광고처럼 말입니다.

잠시 후, 놀이터에선 보노보들의 파티가 한창입니다. 한편 어린 보노보가 여성의 무릎에 누워 있습니다. 보노보는 등을 대고 누워 간지럼을 타고 있습니다. 여성이 보노보의 목 아래, 배, 옆구리, 겨드랑이를 간지럽힙니다. 보노보는 눈을 가늘게 뜨고 입을 벌린 채 신나게 웃습니다. **악, 악, 악.** 가끔 높은 소리가 튀어나오기도 합니다. 너무 신이 나서 감정을 통제하지 못하기 때문입니다. 보노보는 양팔을 뺨에 붙이고, 다리를 구부립니다. **제발 멈춰 주세요, 계속해요. 그만요, 아니야, 멈추지 마요. 멈춰요. 아니에요, 멈추지 마요.** 보노보는 팔

로 가슴을 감싼 채 신나게 웃습니다. 그 모습이 꼭 간지럼 타는 사람 같습니다.

보이나요? 동물들은 웃을 수 있습니다. 어떤 동물은 사람이 기분이 좋을 때 보이는 행동을 똑같이 하기도 합니다. (물론 '야호' 또는 '우후'를 외치는 일을 빼고요.) 바로 유인원이 그렇습니다. 보노보뿐만이 아닙니다. 제인 구달은 침팬지들이 서로 놀고, 레슬링하고, 웃는 것을 보았습니다. 유인원의 웃음소리는 어린이들이 웃는 소리와 닮았죠. 심리학자(이자펍과 루트의 반려인인) 마리스카 크러트는 18개월 된 아기들의 웃는 모습을 연구했습니다. 아기는 대부분 숨을 들이마시며 웃지만, 노인은 주로 숨을 내쉬며 웃습니다. 유인원도 숨을 들이마시면서 웃습니다. 심지어 오랑우탄은 정말 즐거우면 마치 인간처럼 웃느라 킁킁거리는 소리를 내기도 합니다.

유인원이 웃을 수 있다는 건 놀라운 일은 아닙니다. 하지만 쥐가 놀면서 웃음소리를 낸다면요? 한 과학자의 말에 따르면, 이건 사실입니다. 그런데 웃는 소리가 예상과는 조금 다릅니다. 나이 많은 삼촌이 낄낄대는 소리처럼 들리진 않습니다. 그렇게 웃는다면 조금 이상할 거예요. 하지만 안전한 장소에서 쥐를 간지럽혔을 때, 쥐는 우리가 들을 수 없는 삐걱거리는 소리를 냅니다. 간지럼을 더 태워 달라며 손가락 위로 뛰어오르기도 합니다. 쥐는 다른 상황에서도 이런 소리를 내기 때문에 이게 웃음소리가 맞는지는 아직 확실하지 않습니다. 하지만 웃음소리라면, 토끼도 마찬가지 아닐까요? 2020년, 연구원들은 놀이를 하며 웃는 약 65마리의 동물 목록을 만들었습니다. 사실은 숨을 들이쉬거나 삑삑거리는 소리에 가깝긴 하지만요. 이 목록에는 개, 소, 여우, 물개 그리고 조류 세 종류가 포함돼 있습니다.

잠깐만요. 놀이라니요? 동물도 재미로 논다고요? 하하하. 맞기도 하고, 아니기도 합니다. 놀이는 자연의 영리한 발명 중 하나입니다. 재미있을 뿐만 아니라 유용하기까지 하니까요.

놀이는 다른 사람과 어울리는 법을 가르쳐 줄 뿐 아니라 뇌에도 좋습니다. 달리기, 점프, 레슬링과 같은 놀이는 우리를 더 건강하고 강하게 만들어 줍니다. 하지만 동물들은 이런 이유 없이도 단순히 노는 것을 좋아하기도 하죠.

미국의 유명한 행동 생물학자 마르크 베코프(Marc Bekoff)는 이를 알아보기 위해 위험을 무릅썼습니다. 그는 수년 동안 코요테, 늑대, 여우를 연구했죠. 그리고 이 동물들이 개와 똑같은 방식으로 놀이를 한다는 것을 알아냈습니다. 포유류는 자신이 좋아하고 행복을 느끼는 것을 찾고, 좋아하지 않는 것을 피하려 합니다. 마르크는 실험 없이도 이 사실을 알 수 있다고 생각했습니다. 눈으로만 봐도 알 수 있으니까요. 산책길에서 방방 뛰고 꼬리를 흔들며 뛰어다니는 개들을 봐요. 분명 산책을 즐기고 있습니다.

생물학자 이농어 레이메르트(Inonge Reimert)에 따르면 새끼 돼지도 놀 때 행복을 느낀다고 합니다. 귀를 보면 알 수 있습니다. 긴장이 풀려 귀는 앞으로 접히고 꼬리는 신나게

흔들립니다. 가끔 활기차게 짖기도 합니다. 처음에는 한두 마리만 모여 놀다가 점점 더 큰 무리가 되기도 하고요. 새끼 돼지들은 각자의 놀이 방식이 있습니다. 돼지마다 성격이 다르기 때문입니다. 어떤 돼지는 통통 튀는 공같이 활달하고, 어떤 돼지는 조용히 벽에만 붙어 있습니다.

그렇다면 모든 동물이 놀이를 좋아할까요? 페럿은요? 무당벌레는요? 홍합은 어떻고요? 어떤 사람들에 따르면 무리 지어 살지 않는 동물들은 놀지 않는다고 합니다. 하지만 올빼미나 뱀이 혼자 있을 때 어떤 놀이를 할지 누가 알겠어요?

혐오

똥이 더러운 마카크 원숭이와 침팬지

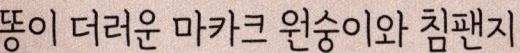

악, 똥 밟았어! 더러워!

일본 고지마 섬, 마카크 원숭이가 먹이를 찾아 해변을 걷습니다. 원숭이는 무언가 흥미로운 것을 발견하자 한 발짝 뒤로 물러섭니다. 그러다 다른 마카크 원숭이의 똥을 밟고 말죠. **젠장!** 원숭이는 놀라서 도망칩니다. 똥을 밟지 않은 발로 모래사장을 가로질러 나무가 있는 곳으로 질주합니다. **이것 좀 닦아 줘요! 도와줘요!** 원숭이는 똥 묻은 발을 하늘로 들어 올립니다. 그리고 나무줄기에 발을 앞뒤로 비비며 똥을 닦아 내고 냄새를 맡습니다. **이제 없나? 다 닦았나?** 원숭이는 발을 한 번 더 닦아 냅니다. 그리고 또 닦습니다.

고지마는 무인도입니다. 사람이 살지 않죠. 대신 수백 마리의 마카크 원숭이가 살고 있습니다. 과학자들은 1948년부터 고지마 섬 원숭이들의 문화를 조사해 많은 것을 발견했습니다. 원숭이가 행동을 학습한다는 사실도 발견했죠. 연구원은 먹이가 부족하지 않게 고구마를 준비하곤 했습니다. 1953년경, 한 암컷 마카크 원숭이가 모래 묻은 고구마를 물에 씻는 사람을 보았습니다. 좋은 생각이라 느낀 원숭이는 고구마를 씻기 시작했고, 그녀의 친구들

과 가족도 따라 했습니다. 과학자들은 이 원숭이에게 일본어로 감자, 고구마류를 뜻하는 '이모'라는 이름을 붙여 주었습니다. 어미 원숭이는 고구마를 씻는 습관을 아이에게 전달했고, 아이는 자신의 아이에게 전했습니다. 수십 년이 지난 지금, 섬의 모든 원숭이가 고구마를 씻습니다.

하지만 원숭이들은 똥을 치울 생각이 없어 보입니다. 정말이에요. 항상 바닥에 똥이 널려 있습니다. 그러니 해변을 걷는 모든 이는 발밑을 조심해야 합니다. 똥 밟는 모습을 보이기 싫어서인지 마카크 원숭이는 무리 짓는 것을 좋아하지 않습니다. 똥을 밟은 원숭이는 아무도 자기를 보지 못했다고 생각할지 모르지만, 안타깝게도 먼 거리에서 흥미롭게 지켜보던 한 여자가 있었죠.

우리가 정원을 걷는다고 가정해 봅시다. 9월인데도 날이 따뜻해서 신발은 집 안에 벗어 두었습니다. 그런데 갑자기 발밑에서 미끄러운 감촉이 느껴집니다. 으악! 발가락 사이에 민달팽이가 찌그러져 있습니다.

물론 민달팽이가 위험하진 않습니다. 하지만 이런 생각이 먼저 떠오르진 않겠죠. 우리는 재빨리 발을 들어 올릴 것입니다. 그리고 닦아 내려고 잔디에 발을 문지르며 역겹다는 표정을 짓겠죠. 세 살이든 여든 살이든, 혐오하는 표정은 똑같습니다. 코와 눈썹을 찡그리고, 눈은 가늘게 뜬 채 이를 악물고 혀를 내밉니다. 이를 통해 위험한 냄새로부터 코와 눈을 보호합니다. 그리고 실수로 입에 들어갈 수도 있는 위험한 무언가를 뱉을 준비를 합니다.

우리만 이런 표정을 짓지는 않습니다. 원숭이도 똑같습니다. 무언가 매우 끔찍하다고 느끼기도 하고요. 고지마 섬의 마카크 원숭이가 발을 나무줄기에 문지르는 행동은 똥을 최대한 빨리 없애고 싶어 하기 때문입니다. 우리처럼 동물도 혐오를 느낍니다. 원숭이뿐만 아니라 말, 양, 소, 고양이, 새도 마찬가지입니다. 심지어 뇌가 없는 벌레들도요. 벌레 옆에 해로운 박테리아를 놓으면, 벌레가 가능한 한 빨리 자리를 뜨는 것을 볼 수 있습니다.

동물들의 혐오

암컷 침팬지가 어떻게 창살 사이로 팔을 쉽게 통과시킬 수 있을지 궁리합니다. 창살 뒤에는 노란색 상자가 있습니다. 상자 위쪽과 앞쪽에는 구멍이 하나씩 뚫려 있습니다. 침팬지는 호기심이 생겼습니다. 이렇게 이상한 상자는 지금껏 본 적이 없거든요. 사람이 놓고 간 게 틀림없습니다. 상자 안에 뭔가 있는 게 분명합니다.

침팬지는 상자 안을 볼 수 없습니다. 대신 위쪽 구멍으로 누군가 상자에 바나나를 넣는 것을 보았죠. **오, 내 거야! 갖고 싶어!** 침팬지는 바나나를 정말 좋아합니다. 하지만 상자는 완전히 닫혀 있어서 아무것도 보이지 않습니다. 그리고 상자에는 바나나 말고도 뭔가 있지만, 침팬지는 그게 무엇인지 알 수 없습니다. 위험한 물건이면 어쩌죠? 성가시네요!

그래도 침팬지는 조심스럽게 구멍에 손을 넣습니다. 상자 안에선 바나나뿐만 아니라 부드럽고 끈적끈적한 무언가가 만져집니다. **젠장!** 침팬지는 재빨리 손을 뒤로 빼서 냄새를 맡습니다. **뭐였지?** 그러고는 손을 다시 넣습니다. 바나나가 상자 안에 있기 때문입니다. 침팬지의 손은 다시 구멍에 들어가지만, 이번에는 처음보다 더 빠르게 손을 빼냅니다. **으아….** 안 됐군요. 안타까워요. 간식은 그냥 그 안에 둡시다.

이번에는 다른 날입니다. 상자는 같고요. 한 침팬지가 주변을 지나다 상자 위쪽 구멍에 바나나를 던지는 여자를 봅니다. **하, 맛있겠다. 지금 갑니다!** 침팬지는 창살 밖으로 팔을 뻗어 구멍에 손을 넣고는, 딱딱한 바닥에 놓인 바나나 조각을 느낍니다. **좋아, 문제없군.** 바나나를 꺼내 만족스럽게 먹습니다. **혹시 더 없나요?**

구멍 난 상자는 야생에서 볼 수 없습니다. 누군가 갖다 놓은 것이죠. 상자를 가져다놓은 사람은 고지마섬의 원숭이가 똥을 밟았을 때 멀리서 지켜봤던 사람, 원숭이 연구원인 세실 사라비안(Cecile Sarabian)입니다. 그녀는 고지마섬의 원숭이가 흥미로웠습니다. 혹시 원숭이가 더러워진 발에 혐오감을 느낀 건지 궁금했기 때문입니다. 정말 그런 걸까요? 세실은 혐오감을 느끼는 원숭이들을 더 조사하기로 했고, 계속 연구하고 있습니다.

상자에 손을 넣은 암컷 침팬지는 세실이 만든 부드럽고 끈적끈적한 반죽 덩어리를 만졌습니다. 세실은 질감이 감정에 영향을 미친다고 생각해 이런 반죽을 만들었습니다. 야생에서는 썩거나 해로운 물질에서 미끈거림과 끈적거림이 느껴집니다. 침팬지가 이걸 만지면 역겨워하지 않을까요? 침팬지들은 자발적으로 실험에 참여했는데, 대부분은 끈적임이 느껴지자마자 손을 뗐습니다. 그럼 바나나는 어떨까요? 이를 확인하기 위해 세실은 단단한 밧줄 위에 바나나를 올려 놓고 관찰했습니다. 원숭이들은 정말로 이를 좋아했습니다.

간식에 가짜 똥을 묻힌다면?

세실은 인터넷에서 많은 양의 종이 점토를 주문해 똥 모양을 만들었습니다. 그리고 색깔이 감정에 중요한 역할을 하는지 알아보려고 분홍색을 칠했습니다. 분홍색은 갈색보다

는 덜 역겹잖아요.

세실은 이를 통해 모든 원숭이가 같은 감정을 느끼지 않는다는 사실을 알아냈습니다. 모두가 종이 점토 때문에 바나나를 포기하지 않았죠. 세실은 가짜 똥 위에 간식을 올리고 무슨 일이 일어나는지 지켜봤습니다. 몇몇 맨드릴 원숭이는 간식을 포기했습니다. 보노보도 마찬가지입니다. 만약 간식을 포기할 수 없다면, 가짜 똥을 풀로 깨끗이 닦아 내거나 일단 한 입을 먹어 보곤 뱉었습니다. 마카크 원숭이들은 가짜 똥을 자세하게 살펴보고, 먹기 전에 냄새를 맡았습니다. 간식의 종류도 중요했습니다. 땅콩의 경우, 원숭이들은 똥에 대한 혐오감을 빠르게 극복했습니다.

유인원들에게는 냄새도 중요합니다. 음식에서 썩은 냄새나 똥 냄새가 나면 보노보는 식욕을 잃었습니다. 미치지 않고서야 썩거나 똥이 묻은 음식을 좋아하진 않겠죠. 침팬지들은 종이 똥 속임수에 넘어가지 않았지만, 바나나에서 똥 냄새가 나면 간식을 포기했습니다. 유인원을 연구하는 마리스카 크러트는 일본에서 일하던 시절, 우연히 수컷 침팬지 아키라를 만났습니다. 아키라는 터치스크린 실험에 참여했죠. 화면을 터치할 때마다 보상으로 사과 한 조각을 받았습니다. 아키라는 이 실험을 좋아했습니다. 보상으로 나오는 사과를 맛있게 먹었습니다.

어느 날, 아키라의 손가락에서 고약한 냄새가 났습니다. 왜 그런 냄새가 나는지 마리스카도 알지 못했죠. 아키라는 평소처럼 사과를 먹으려다 손가락에서 나는 냄새를 맡았습니다. 그리고 혐오스러운 표정으로 간식을 밀어냈습니다. 아키라는 당장 손을 씻고 싶어 했고, 마리스카는 다른 보상 방법을 생각해야 했습니다.

세실은 혐오감을 동물의 방패라고 부릅니다. 그들

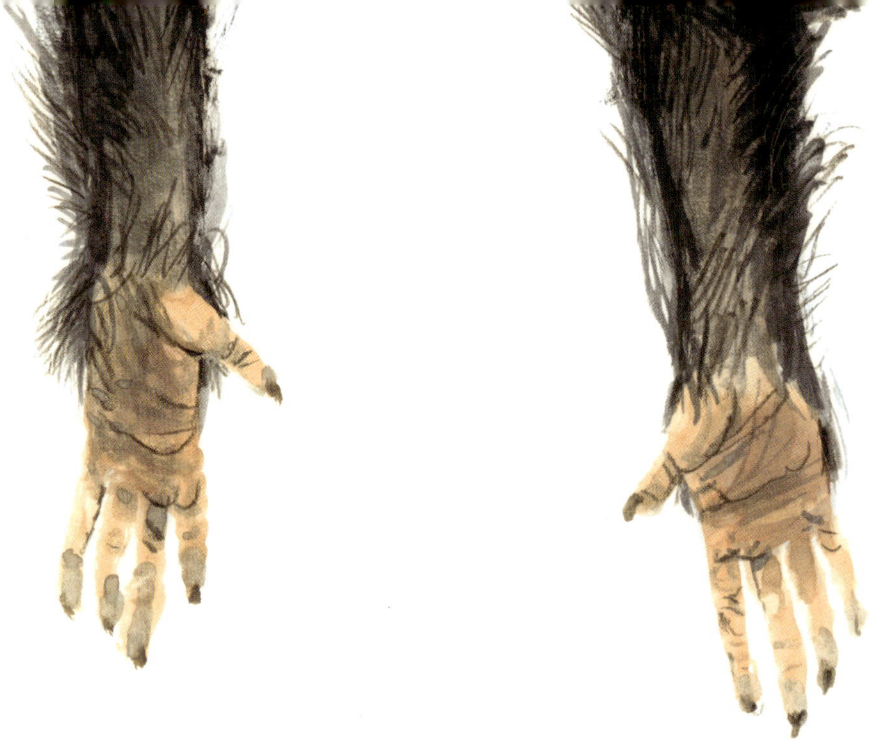

을 위험으로부터 보호해 주기 때문입니다. "저 냄새 나는 달걀이요? 우웩, 저리 치워요." 또는 "조심해요, 저기에 똥이 있어요. 가까이 가지 말아요!" 우리 대부분에게 똥은 '먹기 싫은 것'을 적은 목록에서 높은 순위일 것입니다. 똥이야말로 인체에 해로운 물질이기 때문입니다. 똥에는 박테리아와 기생충이 가득합니다. 그래서 똑똑한 고양이는 종종 자신의 똥을 영역의 가장자리에 묻습니다. 다른 고양이를 겁주려는 거죠. **내 영역에서 나가, 이 자식아!** 혐오감은 꽤 유용한 감정입니다. 우리는 혐오감을 느끼기 때문에 몸에 해로운 물질을 피할 수 있습니다.

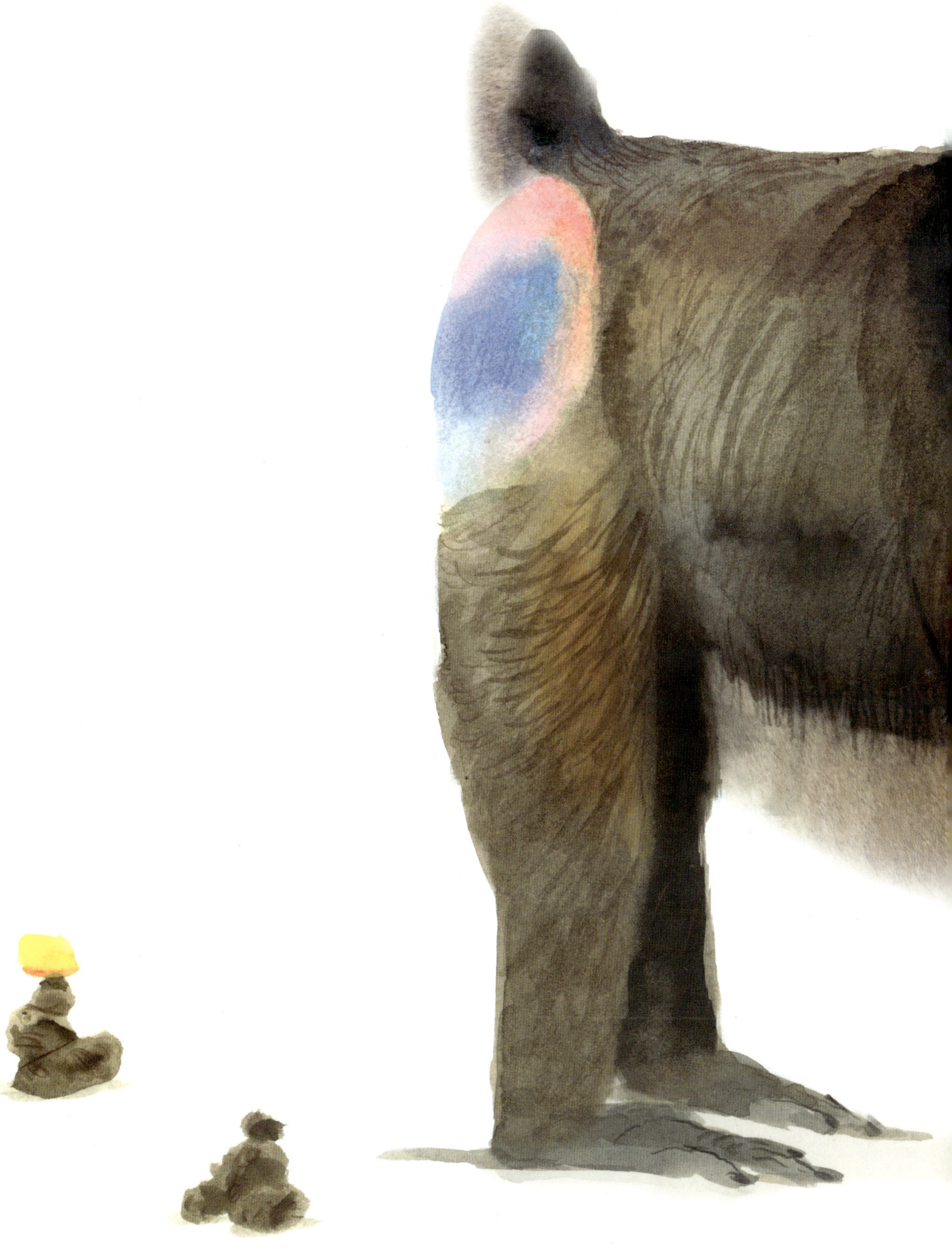

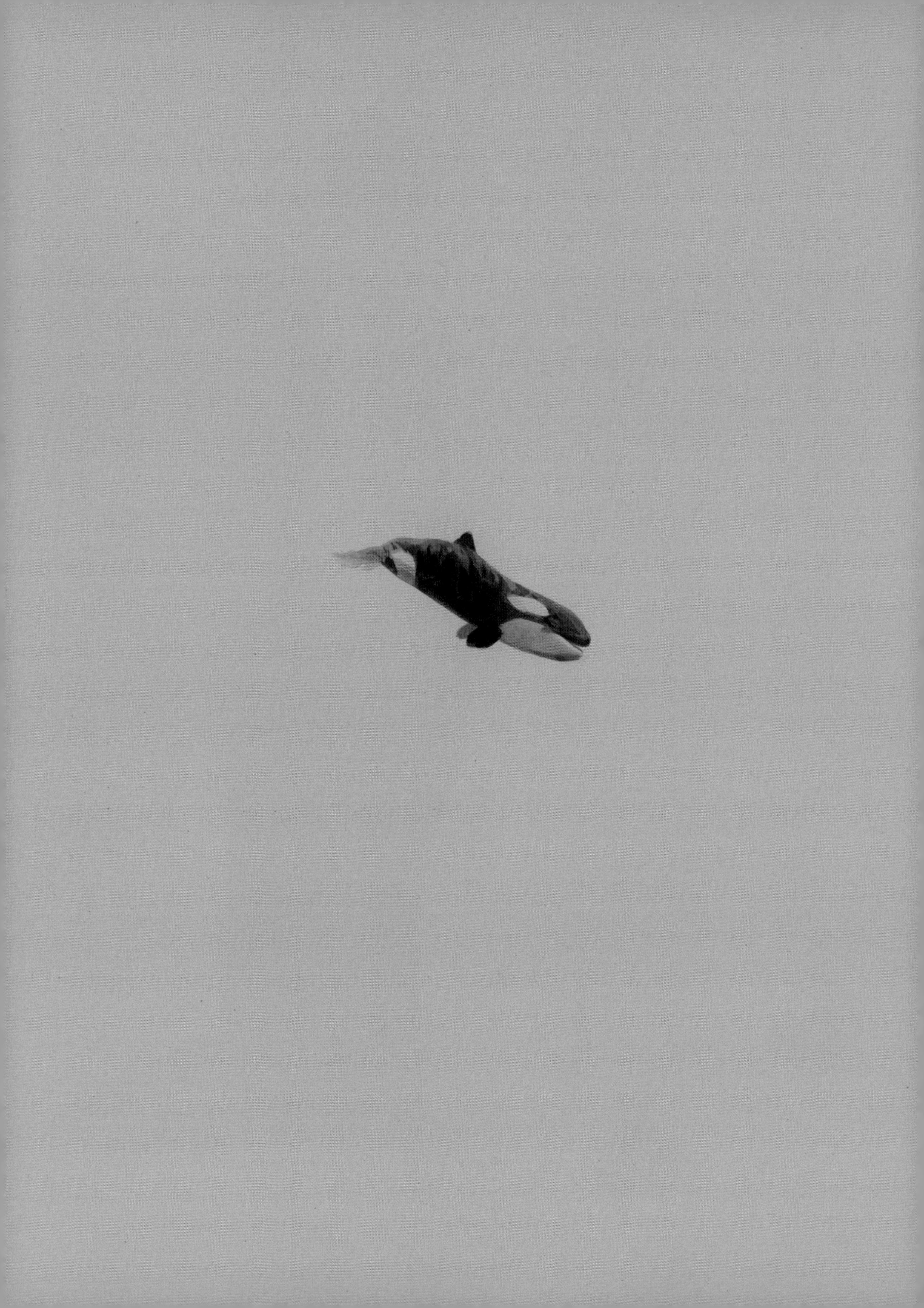

애도

죽은 가족을 그리워하는 범고래와 침팬지

내 딸을 보내고 싶지 않아

범고래 탈레쿠아는 캐나다와 미국 북부 앞바다에서 헤엄칩니다. 과학자들은 탈레쿠아가 태어난 1998년부터 그녀를 'J35'라고 불렀습니다. 하지만 워싱턴주에 있는 한 고래 박물관에서는 탈레쿠아에게 숫자가 아닌 진짜 이름을 지어 주었죠.

2018년, 탈레쿠아는 18개월의 임신 기간을 거쳐 딸을 낳았습니다. 하지만 아기 범고래는 하루도 살지 못했어요. 탈레쿠아는 죽은 새끼를 바다 밑으로 떠나보내지 않았습니다. 그저 새끼를 머리에 이고 계속 헤엄쳤습니다. 죽은 딸이 등에서 미끄러져 바닥으로 가라앉을 것 같으면 딸을 다시 낚으려고 수 미터 깊은 물속으로 잠수했습니다.

탈레쿠아는 아름다운 범고래입니다. 검고 하얀 색으로 빛나는, 수천 킬로그램이 나가는 커다란 생물이죠. 그런 그녀가 세계의 뉴스거리가 됐

습니다. 과학자들은 그녀의 뒤를 쫓았습니다. 탈레쿠아는 대체 언제까지 이런 행동을 계속 할까요? 그녀는 괜찮은 걸까요? 밥을 먹긴 할까요? 다른 범고래들과는 같이 있는 걸까요?

"탈레쿠아가 슬퍼하는 건 분명합니다." 과학자가 말합니다.

"그냥 스트레스 때문일 수도 있어요." 다른 누군가가 말합니다.

"그건 아니에요." 또 다른 누군가가 대답합니다.

"맞아요." 누군가 그 말을 거들고요.

전 세계의 신문이 범고래 모녀에 관한 기사를 냈습니다. 뉴스 사이트에는 사진이 올라왔고, 토크 쇼에서는 전문가들이 범고래를 주제로 토론했습니다. 탈레쿠아는 학교, 슈퍼마

켓, 직장, 길거리, 저녁 식사 자리의 대화 주제였습니다. 생명이 없는 아기 범고래를 매달고 다니는 행위는 애도가 분명하니까요. 그렇지 않나요? 그녀는 언제까지 죽은 아이를 데리고 다닐까요? 하지만 탈레쿠아는 사람들의 말에 신경 쓰지 않았습니다. 다른 생각을 하고 있으니까요. 탈레쿠아는 17일 동안 1600킬로미터를 넘게 헤엄친 후, 마침내 딸을 깊은 바다 밑으로 보내 주었습니다.

사랑하는 사람의 죽음보다 더 나쁜 일이란 없습니다. 그런 일이 일어나면, 당분간은 평소와 다르게 행동하겠죠. 아무것도 먹고 싶지 않고, 아무 일도 하고 싶지 않을 것입니다. 며칠 동안 이불 속에만 있고 싶겠죠. 아니면 사랑하는 이와 마지막으로 함께했던 장소에 머물 수도 있습니다. 절대로 떠나보내고 싶지 않을 거예요.

우리와 마찬가지로 많은 동물이 서로 긴밀하게 유대를 맺습니다. 같은 종인지, 다른 종인지는 상관없습니다. 그리고 유대를 나눈 상대가 사라지면 동물도 우리처럼 한동안 비정상적으로 행동합니다. 범고래와 돌고래는 죽은 아기를 며칠 동안 물 위에 띄워 둡니다. 하지만 탈레쿠아는 유독 그 기간이 길었죠. 유인원 어미는 죽은 새끼 원숭이를 보내 주기 전까지 한동안 데리고 다닙니다. 까마귀도 죽은 새끼 까마귀에게 똑같은 행동을 하고요. 그들이 느끼는 감정은 무엇일까요? 우리처럼 정말 애도를 하는 걸까요?

동물들의 애도

어린 침팬지 플린트가 탄자니아의 정글을 천천히 걷습니다. 걷는 모습이 피곤하고 불안정해 보입니다. 플린트는 강 가까이에 있는 나무에 올라탑나다. 튼튼한 나뭇가지 중 하나를 골라 몇 걸음 옮기지만 이내 멈춥니다. 엄마인 플로가 죽기 전에 함께 잤던 텅 빈 집을 바라봅니다. 몇 분 후, 플린트는 노인처럼 뻣뻣한 동작으로 몸을 돌려 땅으로 내려갑니다. 그러고는 몇 걸음 더 옮기고 나서 드러누운 채 눈을 크게 뜹니다.

엄마가 죽은 후, 플린트는 아무 생각도 할 수 없습니다. 엄마가 살아 있을 때 플린트는 엄마 주변을 따라다니는 걸 좋아했습니다. 엄마가 플린트를 귀찮아할 때도 있었죠. 플린트는 꼭 엄마 껌딱지 같았습니다. 다 커서도 엄마의 등에 매달렸습니다. 엄마의 관심이 필요한 여동생이 태어났을 때도 엄마 옆에서 자고 싶어 했죠. 플린트는 엄마 없이는 살 수 없었습니다. 엄마는 플린트의 전부였죠. 하지만 엄마는 이제 없습니다. 어디에서도 찾을 수 없어요. 죽었으니까요. **엄마, 어디 계세요?**

한동안 플린트는 잘 지내는 것처럼 보였습니다. 하지만 곧 아무것도 입에 대지 않고 병에 걸렸습니다. 제인 구달은 플린트의 움푹 들어간 텅 빈 눈을 들여다보았습니다. 그의 눈 속에 깊은 고통이 보였습니다. 플린트는 괜찮아졌다가도 엄마가 죽었다는 걸 다시 기억해 냈습니다. 그리고 그 기억 속에서 몇 시간이나 머물렀습니다. 이대로 조금만 더 가면 죽을 것 같았습니다. 플로가 죽은 지 한 달이 지났을 무렵, 플린트는 고작 여덟 살이었거든요.

제인 구달은 수년 동안 탄자니아의 정글에서 침팬지 무리를 연구했습니다. 그들과 가까이 지내며 침팬지에 대해 잘 알게 됐죠. 그중 하나가 플로입니다. 플로는 다섯 아이를 둔 다정하고 친절한 엄마였습니다. 플린트는 다섯 아이 중 하나였고, 엄마에게 매우 의존적이었습니다. 1972년 플로가 죽었을 때, 플린트는 사라졌습니다. 이때, 제인은 확실하게 알 수 있었습니다. 침팬지도 애도한다는 사실을요. 플린트를 보면 바로 알 수 있습니다.

유인원만 애도하는 건 아닙니다. 미국인 교수 바버라 킹(Barbara King)은 애도하는 동물에 대해 잘 알고 있습니다. 모든 동물이 애도하냐고 묻는 사람이 종종 있습니다. 바버라는 그건 아닐 거라고 대답합니다. 딱정벌레가 죽은 딱정벌레를 애도할까요? 그럴 가능성은 낮습니다. 지렁이가 애도할까요? 그럴 가능성은 없습니다. 하지만 바버라는 몇몇 포유류와 새는 애도하는 게 확실하다고 말합니다. 바버라는 동물이 애도하는지 알아내기 위해 그들의 행동을 관찰했습니다. 동물이 더 이상 먹지 않거나 잠을 자지 않나요? 죽은 엄마나 자식 곁을 맴도나요? 아니면 덩그러니 혼자 앉아 있나요?

사람뿐 아니라 거위, 개, 까마귀, 당나귀, 코끼리 등 다양한 동물도 애도합니다. 행동 생물학자 마크 베코프는 아프리카 케냐의 북쪽으로 여행을 갔습니다. 그곳에서 세계에서 가장 유명한 코끼리 전문가 중 한 명인 이언 더글러스 해밀턴(Iain Douglas-Hamilton)과 함께 코끼리를 관찰했죠. 그들은 첫 번째 코끼리 무리 앞에 서자마자 무언가 특별하단 걸 알아챘습니다. 거대한 회색 동물들이 고개를 축 늘어트리고 있었습니다. 귀와 꼬리처럼 말입니다. 멍하게 서 있기도 했고, 때때로 무기력하게 돌아다니다가 또다시 서 있기를 반복했습니다. 삶에 재미를 느끼지 못하는 것처럼 보였습니다. 이언은 그 이유를 정확히 알았습니다. 얼마 전 무리의 우두머리인 엄마 코끼리가 죽은 탓이었습니다. 조금 더 운전해 가자, 두 번째 코끼리 무리가 보였습니다. 이곳의 분위기는 사뭇 달랐습니다. 코끼리들은 고개를 똑바로 들고 귀와 꼬리도 빳빳하게 세우고 있었습니다. 평온한 분위기였습니다. 맞습니다. 이 코끼리들은 상중이 아니었습니다.

동물의 행동이 이해되지 않는다면, 신체 내부를 살펴볼 수도 있습니다. 연구원들은 프레리 들쥐의 신체 내부를 관찰했습니다. 프레리 들쥐는 연인에게 매우 충성스럽다고 알려져 있습니다. 프레리 들쥐가 짝짓기하는 동안 포옹 호르몬인 옥시토신이 생산됩니다. 뇌에서 생산되는 옥시토신은 긴밀한 유대를 형성하죠. 이렇게 짝짓기를 한 프레리 들쥐는 함께 새끼를 낳고 양육합니다. 하지만 둘 중 한 마리가 죽으면 다른 한 마리에게 문제가 생깁니다. 뇌의

구성이 변하거든요. 혼자 남은 프레리 들쥐는 스트레스를 심하게 받은 나머지 아무것도 신경 쓰지 않는 것처럼 보입니다. 위험한 상황도 두려워하지 않죠. 사랑 없이는 그 무엇도 의미가 없기 때문입니다.

슬픔에 빠진 사람이 자신의 감정을 숨기는 데는 큰 노력이 필요합니다. 야생 동물도 마찬가지입니다. 물론 이들은 자신의 가장 취약한 면을 보여 주는 것을 좋아하지 않습니다. 도처에 포식자들이 있기 때문입니다. 이들은 약해진 동물의 냄새를 맡고, 느끼고, 지켜봅니다. 야생에서는 강자 생존이 적용됩니다. 다행히도 우리는 다릅니다. 슬픔을 나누며 서로 위로합니다. 우리를 비롯해 동물 대부분은 시간이 지나면 슬픔을 뒤로하고 다시 일어섭니다. 탈레쿠아를 보면 알 수 있습니다.

아키타 하치코

일본 도쿄의 한 박물관에는 박제된 개가 전시돼 있습니다. 눈처럼 하얀 털을 가진, 아키타견 하치코입니다. 하치코는 '충직한 개'라는 뜻인데, 참 잘 어울리는 이름입니다. 하치코는 1923년 농장에서 태어났고, 새로운 주인과 1924년에 만났습니다. 새 주인은 도쿄 교외에 살던 우에노 히데사부로 교수였죠. 둘은 서로를 아꼈습니다. 우에노 교수는 매일 시부야역에서 기차를 타고 대학에 갔습니다. 아침마다 두 사람은 함께 역으로 걸어갔습니다. 하치코는 역에서 주인이 돌아오길 기다렸죠. 하지만 1925년 어느 날, 우에노 교수는 직장에서 사망했습니다. 하치코는 자신의 가장 친한 친구를 기다리며 기차역에 계속 서 있었습니다. 우에노 교수는 돌아오지 않았지만, 하치코는 9년이 넘도록 매일 역까지 걸어갔고, 1935년에 사망했습니다. 하치코 이야기는 유명해져서 영화, 동화책, 노래 등으로 나오기도 했습니다. 하지만 모든 사람이 하치코의 충정을 믿진 않습니다. 시부야역에서 사람들이 하치코에게 닭튀김을 주었다는 말이 있거든요. 정확히 무슨 일이 있었는지는 아무도 모르지만요.

공감

친구를 구하는 쥐와 향유고래

내가 너를 구해 줄게

문이 달린 두 개의 둥근 관 앞에 쥐 한 마리가 있습니다. 다른 쥐는 한쪽 관에 갇혀 있습니다. 반대쪽 관에는 초콜릿 몇 조각이 있습니다. 자유로운 쥐는 뛰어다니며 냄새를 맡고, 주저하다가 다시 냄새를 맡습니다. 그러고는 양쪽 문을 모두 엽니다. 탈출한 친구와 함께 초콜릿을 먹습니다.

다른 방에서도 실험이 진행됩니다. 두 개의 방이 있는 투명한 상자가 있습니다. 한 방은 수영장이고, 다른 방은 바닥이 높습니다. 두 방 사이에는 문이 있습니다. 쥐 한 마리가 수영장에 넣어졌습니다. **장난해요? 꺼내 줘요!** 불쌍도 해라. 쥐들은 목욕을 싫어합니다. 그때, 다른 쥐가 바닥이 높은 방으로 들어갑니다. 그리고 물에 빠진 쥐가 이리저리 뛰어다니는 것을 봅니다. 쥐는 수영장의 문을 열고, 흠뻑 젖은 쥐는 바닥이 높은 방으로 뛰어듭니다.

흠, 어떻게 생각하세요? 쥐가 스트레스를 받고 있는 친구를 못 본 척할까요? 혼자 초콜릿을 다 먹어 버릴까요? 글쎄요. 쥐는 문을 열고 착한 일을 합니다. 그렇다고 높은 악명이 사라지진 않지만요. 사람들은 짧고 두꺼운 털과 긴 꼬리를 가진 쥐를 귀엽다고 느끼진 않습니다. 게다가 쥐는 모든 종류의 병균을 옮긴다고 알려져 있죠. 누군가가 나를 '쥐'라고 칭하면, 그건 좋은 뜻이 아니에요. 하지만 이건 쥐에게 너무나 불공평한 일입니다! 쥐에 대한 인식을 바꿀 필요가 있죠.

첫 번째 이유는 이렇습니다. 사람들은 실험을 위해 쥐를 사용합니다. 그러니 귀엽다고 해주세요.

두 번째로 쥐가 옮기는 질병은 그리 해롭지 않습니다. 쥐 때문에 병에 걸릴 순 있지만, 그렇게 심각한 병은 아니에요. 검은 쥐가 중세에 수백만 명의 목숨을 앗아간 흑사병을 퍼트렸다고 알려져 있습니다. 하지만 진짜 원인은 쥐에게 기생하던 벼룩이 아니라 인간에게 기생하던 벼룩이라는 설도 있습니다. 물론 확실하진 않은 이야기입니다.

세 번째 이유는 바로 쥐의 친절함입니다. 쥐는 매우 똑똑하며 친구들에게 매우 친절합니다. 네, 그렇다니까요. 정말이에요. 쥐는 친구가 힘들어할 때 외면하지 않습니다. 심지어 먹을 게 걸려 있어도요.

"엄마! 기분이 안 좋아요!" 만약 우리가 병아리처럼 울며 엄마를 부른다면, 엄마는 아마 닭처럼 옆에 계실 겁니다. 엄마가 근처에 없다면 이웃이 올 수도 있고요. 또는 그냥 지나가는 사람이 우리를 달래 줄 수도 있습니다. 우리는 거리에서 전혀 모르는 사람이 울더라도 기꺼이 도와주려고 합니다. 공감

하기 때문입니다. 우리는 친한 친구가 슬퍼하는 모습을 보면 심장이 덜컥 내려앉기도 합니다. 상대를 도울 수 있다면 최대한 돕고, 상대의 행복을 위해 최선을 다합니다.

동물을 자세히 들여다보면 많은 동물에게서도 이런 모습을 흔히 관찰할 수 있습니다. 심지어 어떤 일화는 동화같이 아름답죠. 고양이와 개는 종종 최악의 적으로 묘사됩니다. 하지만 매년 고아가 된 고양이를 입양하고 키우는 엄마 개에 관한 이야기가 들려옵니다. 공감은 같은 종 사이에서 더 자주 관찰할 수 있습니다. 호주의 연구원들은 까치 한 쌍의 행동을 연구하려고 그들의 다리에 송신기를 달았습니다. 하지만 그다음 일은 상상하지 못했죠. 까치들이 송신기를 떼어 내려고 서로를 도왔던 것입니다.

아프리카의 아기 코끼리는 위험에 빠지면 그저 누군가를 부르기만 하면 됩니다. 그러면 암컷 코끼리가 구조하러 오죠. 엄마가 아니라도 말입니다. 아프리카 케냐에는 바빌이라는 다리를 저는 코끼리가 있었습니다. 코끼리 무리는 바빌을 혼자 내버려두지 않았습니다. 수년 동안 다리를 절뚝거리는 바빌을 기다렸죠. 앞서 걸어가 어깨너머로 바빌을 바라보았고, 바빌이 따라잡을 때까지 자리에서 움직이지 않았습니다. 그런 행동이 그들에게 이득을 준 것도 아니었습니다. 바빌은 보답할 수 없었으니까요. 동물들이 자기 자신뿐만 아니라 상대를 생각한다는 건 일리 있는 말입니다.

동물들의 공감

2004년, 향유고래 한 무리가 이탈리아 근처의 지중해에서 헤엄칩니다. 암컷 두 마리와 수컷 세 마리였죠. 헤엄을 치던 중, 그들은 그물에 갇혔다는 걸 알아챘습니다. 하지만 빠져나갈 수 없었습니다. **도와줘요! 큰일이야!** 향유고래들은 빠져나가려고 발버둥을 쳤습니다. 하지만 그물은 꿈쩍도 하지 않습니다. 그저 더 뒤엉킬 뿐이었죠.

몇 시간이 지났습니다. 향유고래 무리의 상황은 좋지 않아 보입니다. 탈출 시도는 실패했고 고래들은 다쳤습니다. 특히 꼬리에 긁히고 베인 상처를 크게 입었습니다.

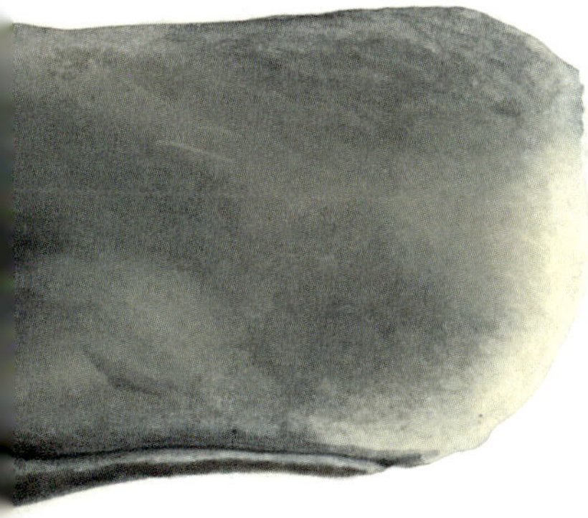

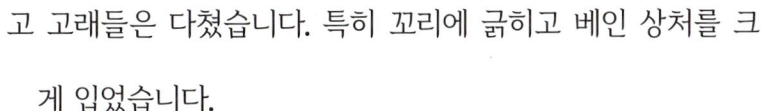

곧 사람들이 잠수합니다. 그들은 몇 시간 동안 고래를 구하려고 그물을 뒤적거립니다. 그물은 다락방에서 일 년을 묵은 크리스마스트리의 줄 조명보다 훨씬 더 얽혀 있습니다. 하지만 향유고래가 풀려날 때까지 포기할 수 없습니다. **풀려났다! 드디**

어! 자유로워진 두 마리의 향유고래는 번개 같은 속도로 헤엄쳐 그물을 빠져나갑니다. 그리고 정신을 차린 후, 상처를 핥고는 굶주린 배를 부여잡고 탁 트인 바다로 돌아옵니다. 그들은 아무 데도 갈 생각이 없는 것처럼 그물에 갇힌 친구들 주변을 맴돕니다. **기다려, 친구들아.** 두 향유고래는 그물을 푸는 사람들을 자세히 관찰합니다. 그러고는 친구들의 꼬리나 이마를 다정하게 건드리고, 꼬리지느러미와 등을 쿡쿡 찌릅니다. 그건 마치 **"진정해. 우리가 여기서 기다릴게. 괜찮을 거야."** 라고 말하는 듯합니다. 둘째 날이 지나갈 무렵, 구조 작업은 성공적으로 끝났습니다. 마지막 세 마리가 그물에서 풀려나고, 드디어 모두 모인 다섯 마리는 함께 떠납니다. 집으로요.

이제 알겠나요? 동물들은 매우 사회적입니다. 물속에서도 마찬가지입니다. 돌고래들도 그렇고요. 돌고래의 머리에는 물을 뿜는 구멍이 있습니다. 이 구멍을 통해 숨을 쉬죠. 돌고래의 호흡은 사람처럼 자연적으로 이루어지지 않습니다. 호흡에 대해 계속해서 의식해야 하죠.

만약 돌고래가 공기를 마시러 수면으로 나갈 수 없는 상태라면 어떤 일이 벌어질까요? 간단합니다. 친구들이 도와줍니다. 한 마리는 왼쪽 지느러미를 잡고, 다른 한 마리는 오른쪽

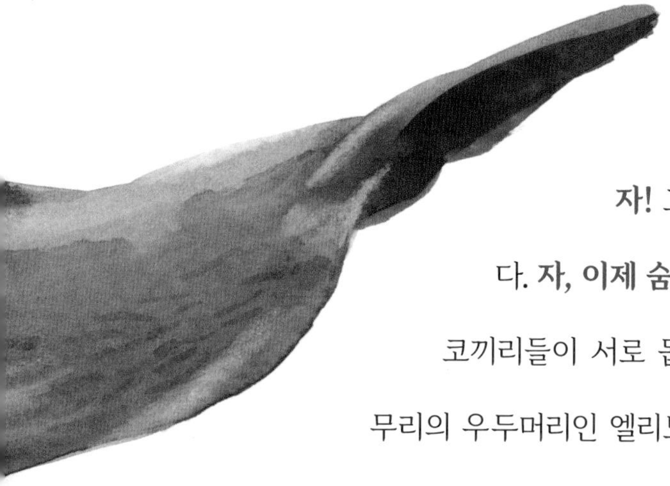

지느러미를 잡습니다. **됐어? 끝났어? 그럼 가자!** 그러고는 친구 돌고래를 수면 위로 밀어 올립니다. **자, 이제 숨을 들이쉬어….**

코끼리들이 서로 돕는 이야기는 흔합니다. 2003년 케냐, 코끼리 무리의 우두머리인 엘리노어는 몸이 좋지 않습니다. 엘리노어가 쓰러졌을 때, 그레이스가 그녀를 구하러 왔습니다. 다른 코끼리 무리의 엄마였습니다. 그레이스는 엄니로 엘리노어를 똑바로 일으켰습니다. 하지만 지친 엘리노어는 금방 다시 넘어졌습니다. 그레이스는 다시 한번 엘리노어의 커다란 몸을 일으키고, 자기 가족이 찾아와도 엘리노어 주변에 머물렀습니다. 몇 시간 후, 엘리노어가 죽었습니다. 그다음 주, 몇몇 코끼리가 찾아왔죠. 다섯 코끼리 가족의 암컷들이 엘리노어의 사체를 지켰습니다. 학자들에 의하면, 확실한 게 하나 있습니다. 자기 가족 구성원이 아니더라도, 동물이 서로를 돌본다는 점입니다.

공감에 관한 이야기는 대부분 유인원에 대한 내용일 것입니다. 그들에게서 공감하는 모습을 흔히 볼 수 있으니까요. 침팬지는 화를 내거나 스트레스를 받는 친구를 팔로 감싸 위로합니다. 손을 잡고, 서로의 등을 쓰다듬고, 입을 맞추죠. 원숭이에게 선택권을 준다면, 동료에게 도움이 되는 일을 할 것입니다.

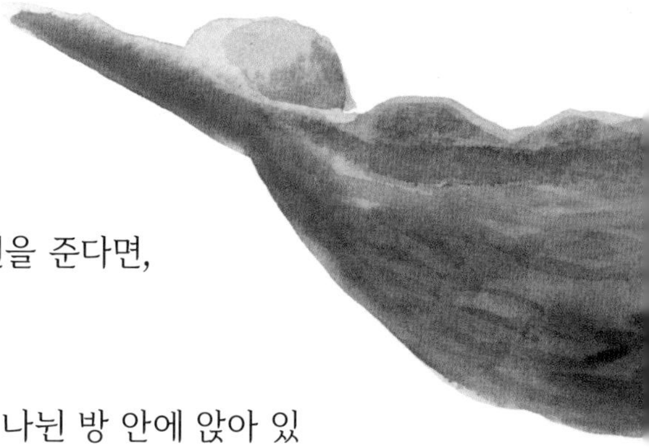

두 마리의 침팬지가 실험을 위해 격자무늬 칸막이로 나뉜 방 안에 앉아 있습니다. 한 마리는 두 가지 색의 플라스틱 디스크가 든 상자를 받습니다. 이 침팬지가 초록색 디스크를 선택하면 둘 다 먹이를 받을 수 있습니다. 하지만 빨간색 디스크를 선택하면 자신만 간식을 받게 됩니다. 침팬지는 자유롭게 색을 선택해 연구원에게 건넬 수 있습니다. 이 침팬지에게 해가 될 일은 전혀 없죠. 무엇을 선택하든 보상을 받기 때문입니다. 하지만 침팬지는 또 다른 침팬치가 요청할 땐 훨씬 더 자주 초록색을 선택했습니다. 뭐, 그 침팬지가 짜증을 낸다면 이야기는 달라지지만요. **그래, 계속 그런단 말이지. 그러면 더 이상 국물도 없어. 알겠어?**

침팬지보다 훨씬 더, 심지어 인간보다 더 사회적인 유인원이 있습니다. 바로 보노보입니다! 마리스카 크레트는 보노보를 있는 그대로 받아들입니다. 보노보는 자신의 친지가 아닌 동료에게도 관심을 가집니다. 낯선 보노보에게도 마음을 열고 친해지려 하죠. 심지어 음식을 나눠 먹기도 합니다. 또한 평화를 사랑하기 때문에 다른 보노보들이 싸우면 싸움을 붙이기보다 서로 짝을 지어 줍니다.

마리스카는 보노보의 감정 반응을 관찰했습니다. 동물들은 마음이 내키면 터치스크린 앞에 앉아 실험에 참여합니다. 화면 속엔 같은 종인 두 동물의 사진이 뜹니다. 한 사진은 감정이 없는, 중립적인 상황을 담고 있습니다. 다른 사진은 감정적인 일화를 담고 있습니다. 곧 화면에서 이미지들이 사라지고, 두 이미지 중 하나의 자리에 검은 점이 나타납니다. 보노보는 이 점을 얼마나 빨리 누를까요? 보노보

는 감정이 보이는 사진의 점을 더 빨리 눌렀습니다. 사람도 마찬가지입니다. 하지만 차이는 분명했습니다. 사람은 폭력적인 이미지에 빠르게 반응했고, 보노보는 긍정적인 감정에 빠르게 반응했습니다. 보노보노가 선택한 것은 하품, 부탁하는 표정, 짝짓기 등 모두 편안한 표정이었습니다.

사회적인 동물은 약간의 공감 능력을 갖추는 편이 좋습니다. 다른 동물과의 유대 관계가 삶을 원활하게 해 주기 때문입니다. 다행히도, 많은 사회적인 동물이 유대를 맺은 다른 동물을 안정시키고, 돕고, 구해 주기까지 합니다. 마치 사람 같죠? 맞습니다. 하지만 사람의 행동 같다고 생각해서 그래 보이는 것입니다. 사람은 동물보다 공감 능력을 더 많이 사용할 수도 있습니다. 만약 모든 사람이 동물을 사랑했다면, 모든 게 훨씬 쉬워졌을 것입니다.

하품하는 유인원

하품은 전염성이 있습니다. 누군가의 하품을 볼 때뿐만 아니라, 하품에 관한 글을 읽기만 해도 하품이 나올 수 있습니다. 여러분, 아직 하품 안 했나요? 지금은요?
만약 하품이 나왔다면, 당신은 공감 능력이 높은 사람일 것입니다. 왜냐하면 하품은 입으로 하지만, 공감 능력은 뇌 영역에서 조절하기 때문입니다. 침팬지가 하품하는 유인원의 이미지를 본다면 따라서 하품하게 될 것입니다. 아마 수많은 포유류와 앵무새 같은 몇몇 조류도 따라서 하품할 것입니다.

고통

아픔을 느끼는 문어와 물고기

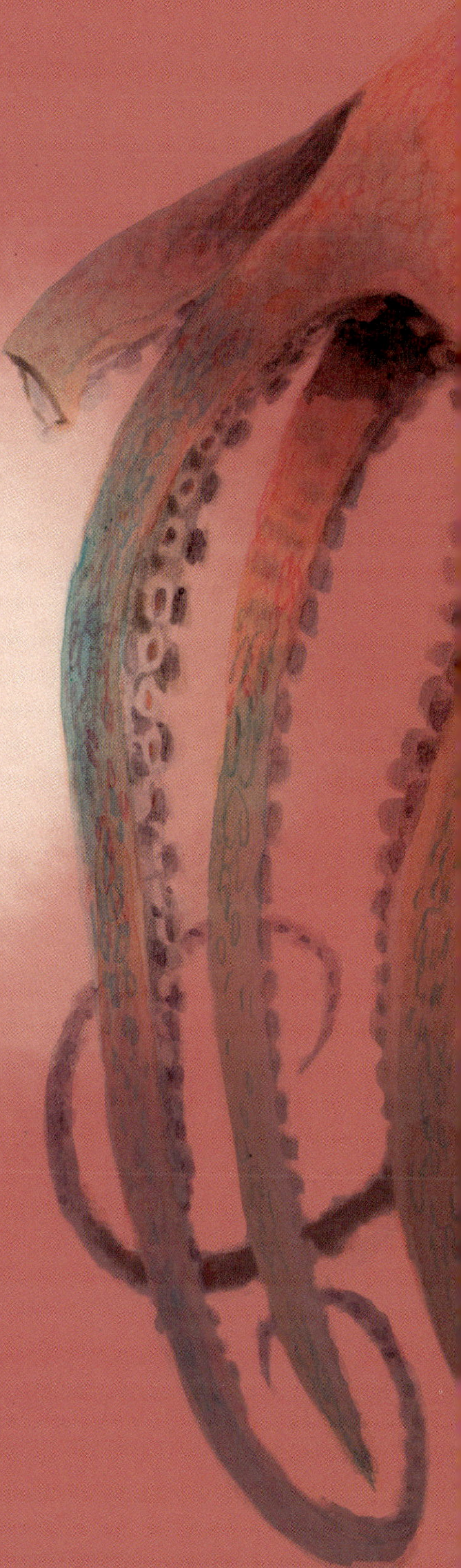

내 다리는 내가 지킨다!

색색의 작은 문어가 조용히 물속의 숲 가장자리를 헤엄쳐 다닙니다. 그때, 평화를 깨뜨리는 상어가 찾아옵니다. 상어는 문어의 냄새를 맡고 쫓아가죠. 문어가 바위 아래로 잠수합니다. 문어는 안전할까요? 상어가 문어에게 덤벼들 때까지 잠깐은 안전해 보입니다. 하지만 곧 상어가 문어의 여덟 개의 다리 중 하나를 물었습니다. 그러고는 몸을 감싼 문어의 다리가 풀릴 때까지 빙글빙글 돈 후 전리품을 가지고 떠납니다. 문어는 일곱 개의 다리로 천천히 움직입니다. 다행히도 자신이 사는 구덩이로 도망친 후, 그곳에서 쓰러졌어요.

하루가 지났습니다. 문어는 아직 살아 있습니다. 조용히 누워 있어요. 하지만 생생하고 밝은 붉은빛을 띠진 않습니다. 색이 탁해지고 창백해졌습니다. 과연 다리를 잃은 문어는 살아남을 수 있을까요?

네, 그럼요! 며칠 후, 문어의 상처는 다 나았습니다. 일주일 정도 지나자 잘린 다리에서 아름다운 새 촉수가 자라났고 몸의 색깔도 돌아왔습니다. 상어의 공격에서 살아남았습니다.

하지만 상어의 공격은 한 번으로 끝나지 않기 때문에 문어는 자신을 보호할 수 있는 기술을 총동원해야 합니다. 문어는 또 다른 상어가 공격해 오자 식물과 비슷한 초록빛으로 몸의 색을 바꿉니다. **어디 보라지.** 하지만 상어는 계속해서 문어를 쳐다봅니다. 문어도 식물들 사이로 적을 훔쳐봅니다. 하지만 문어의 체취는 사라지지 않았어요. 안타깝게도 말입니다. 상어는 식물을 향해 뛰어들고, 문어는 재빨리 도망갑니다. 상어는 계속해서 문어를 쫓습니다. 문어는 물 밖의 바위로 뛰어올랐다가 반대 방향으로 도망칩니다. 하지만 상어는 냄새를 쫓아 바로 문어의 뒤를 쫓습니다. 추적은 계속됩니다.

이윽고 문어가 다음 기술을 선보입니다. 상어의 시야를 흐리게 하는 먹물을 뿌리죠. 하지만 상어는 꿈쩍도 하지 않습니다. 이때, 문어는 자신이 가진 기술 중 가장 영리한 속임수를 꺼냅니다. 모든 촉수를 사용해 재빨리 백 개에 달하는 조개껍데기를 모으는 겁니다. 그러고는 순식간에 조개껍데기를 방패처럼 들어 몸을 감쌉니다. 아름다운 조개 장식품으로 변해 문어임을 전혀 알아볼 수 없습니다. 하지만 여전히 몸에서 나는 냄새를 숨길 순 없습니다. 상어가 문어를 잡았습니다. 상어는 이 예술 작품을 물고 늘어집니다. 하지만 문어는 계속해서 방패를 두르고선, 마치 로데오 경기를 하는 카우보이처럼 상어의 등에 기어오릅니다. **으쌰!** 상어는 더 이상 아무것도 할 수 없습니다. 시간이 지나자 상어는 완전히 진이 빠졌습니다. 문어가 이겼습니다. 이번에는 다리를 지켰습니다.

우리는 뜨거운 팬이나 고양이의 날카로운 손톱을 만지면 자기도 모르게 손을 피합니다. 신경계를 가진 모든 생명체가 보이는 반사 작용이죠. 신경계는 신경, 척수, 뇌로 이루어져 있습니다. 신경계는 통증 신호를 전달하고, 척추는 이 신호를 보호하고 전달합니다. 여기서 우리의 뇌가 손을 보호하게 합니다. 이 모든 과정은 순식간에 일어납니다.

마지막으로 아팠던 때가 기억나나요? 아마 입술을 깨물었거나, 무릎에 상처가 났거나, 목감기에 걸렸을 때겠죠. 누군가 다쳤을 때 얼마나 큰 고통을 느끼는지 타인이 측정하기란 어렵습니다. 다친 사람은 알지만, 다른 사람은 그 고통을 느끼지 못하죠. 동물도 마찬가지입니다. 포유류가 다쳤을 땐 반응을 보면 알 수 있습니다. 다리를 삔 말은 절뚝거립니다. 고양이는 구슬프게 웁니다. 그리고 대부분의 동물은 고통에서 벗어나려고 합니다. 벌 떼를 피해 도망치던 코끼리들을 생각해 보세요.

포유류와 새가 고통을 느낄 수 있다는 것은 확실해 보입니다. 하지만 개구리나 바닷가재 같이 완전히 다르게 진화한 동물은 어떨까요? 아니면 영화 <나의 문어 선생님>에 나오는 똑똑한 문어라면요? 상어에게 물려서 고통스러웠을까요? 문어 같은 동물은 꽤 복잡합니다. 무척추동물이기 때문에 척추와 척수가 없지만 엄청나게 많은 신경과 뇌를 가지고 있습니다. 그리고 신경 세포는 주로 다리에 퍼져 있습니다. 그렇다면 문어는 왜 고통을 느끼지 못하는 걸까요? 이것은 그 반대의 질문보다 더 논리적으로 들립니다. 그런데도 여전히 의심하는 사람들이 있습니다. 동물이라고 왜 고통을 느끼지 못해야 할까요?

동물들의 고통

작은 문어가 두 방 사이의 공간에서 헤엄칩니다. 한 방은 벽에 줄무늬가 그려져 있고, 다른 방은 점이 찍혀 있습니다. 문어는 마음에 드는 방을 선택할 수 있습니다. 점이 찍힌 방을 골랐네요. 문어는 점이 찍힌 방에서 잠시 떠다니다가 점과 줄무늬가 없는 두 방 사이의 공간으로 돌아갑니다.

하루가 지났습니다. 문어는 잠을 자고 있습니다. 관찰자는 문어의 촉수 중 하나에 톡 쏘는 산을 주사합니다. 사람의 상처에 레몬즙 한 방울을 뿌리는 것과 마찬가지입니다. 문어는 따가운 촉수 때문에 좋아하는 방에서 잠을 깹니다. 바로 점이 가득한 방입니다. 연구원은 문어를 그 방에서 20분간 머무르게 합니다.

그러고 나서 연구원은 문어를 두 방 사이의 공간으로 데려갑니다. 그리고 문어의 다리를 치료합니다. 치료가 잘 된다면 문어는 더 이상 고통을 느끼지 않을 것입니다. 다행이군요. 치료가 끝난 뒤, 문어는 자신이 좋아하지 않았던 방으로 풀려납니다. 벽에 줄무늬가 있는 방입니다. 문어는 두 방 사이로 돌아가기 전, 20분 동안 그곳에 머무르게 됩니다.

오늘 문어는 여행을 해야 합니다. 몇 시간 후에 두 방 사이의 공간으로 다시 옮겨지니까요. 아마 고민스러울 것입니다. 곧 문어에게 다시 선택권이 주어집니다. 문어는 자기가 좋아하지만 발이 따끔해지는 방으로 갈까요? 아니면 좋아하지 않지만 고통이 없는 방으로 갈까요?

문어는 좋아하지 않지만 고통이 없는 방을 선택합니다. 따끔한 다리를 견뎌야 하느니, 줄무늬 벽지가 낫습니다. 이 실험에는 일곱 마리의 문어가 참여했습니다. 모두가 같은 행동을 보였고, 고통이 없는 방을 선택했습니다. 그들이 좋아하던 방은 예전만큼 매력적이지 않았습니다.

안타깝게도, 이 실험을 하려면 문어에게 상처를 주어야 합니다. 문어는 결국 고통을 받게 되죠. 문어에게 나쁜 기억이 남을 것이 분명합니다. 불쾌한 실험인 만큼 그 결과가 유용하기를 바랍니다. 문어가 고통을 느낀다는 것을 확실히 증명한다면, 동물과 잘 지내는 방법을 찾아낼 수도 있습니다. 현재 문어들은 음식으로 소비되기 위해 포획됩니다. 그들의 고통을 줄여 주기 위한 규제가 없어 끔찍한 실험 대상이 되기도 하죠. 문어뿐만 아니라 바닷가재, 게와 같은 갑각류도 마찬가지입니다. 이들의 신경계도 문어처럼 복잡합니다. 아마 모든 걸 느낄 수 있겠죠.

이런 실험에 물고기를 참여시켜도 결과는 같습니다. 보통 물고기는 흰색 수조보다 검은색 수조에서 헤엄치는 것을 더 좋아합니다. 하지만 검은색 수조에서 고통을 받는다면, 선호도는 변합니다. 그리고 좋지 않았던 경험을 피하고자 최선을 다합니다. 물고기들은 꽤 똑똑하니

까요. 위험을 피하는 데 매우 능하며, 기억력도 뛰어납니다. 그래서 물고기들은 고통스러운 경험을 기억합니다.

물고기가 고통을 느낀다는 것을 보여 주는 다른 연구도 있습니다. 호르몬을 이용한 연구이죠. 사람은 스트레스를 받으면 코르티솔이라는 호르몬이 분비됩니다. 물고기도 마찬가지입니다. 물고기는 낚싯바늘이 입 근처에 오면 스트레스를 받습니다. 그리고 물고기는 우리처럼 신경계가 있어 다치면 뇌로 신호가 갑니다. 물론 이건 인정합니다. 물고기들이 정말 고통을 싫어하는지 증명하긴 어려워요. 하지만 검은색 수조를 이용한 실험은 물고기가 고통을 싫어한다고 말합니다. 물고기도 말할 수 있다면 좋을 텐데요. **안녕하세요, 갈고리가 아파요! 물고기도 감정이 있어요!**

고통은 위험이 가까이 왔다는 것을 알려 주는 유용한 경고 수단입니다. 고통을 느끼지 못하면 뜨거운 불 속에 손을 넣을 수도 있겠죠. 그러니 적당한 통증은 도움이 된다는 말이 틀리지는 않습니다. 동물이 인간과 같은 고통을 느끼는지 확실히 아는 사람은 아무도 없습니다. 우리는 사람들이 모두 같은 고통을 경험하는지도 잘 모릅니다.

범고래의 뇌는 크고 금붕어의 뇌는 작습니다. 하지만 뇌의 크기가 감정의 크기를 정하는 기준은 아닙니다. 물고기의 작은 뇌에서도 많은 일이 일어납니다. 감정과 고통을 느끼기 위해 사람의 뇌가 필요한 것은 아닙니다.

사랑

사랑을 느끼는 개, 우정을 나누는 거북이와 하마

항상 같이 있고 싶어

플립은 제 맞은편에 앉아 있습니다. 플립이 왼쪽 발을 내밀지만 간식 때문은 아닙니다. 간식 때문일 수도 있지만 지금은 제게 마사지를 해 달라는 신호입니다. 저는 소파에서 플립의 발을 잡고 간지럽힙니다. 플립은 가만히 앉아서 크고 까만 눈으로 저를 쳐다봅니다. 그리고 몇 분 후, 플립은 눈을 감습니다. 저는 마사지를 계속해야 합니다. **거기예요. 아니요, 조금 위요! 네, 거기요.**

플립이 태어난 지 8주가 되었을 때 피터와 저는 농장에서 그녀를 데려왔습니다. 하얀 곱슬머리의 플립은 마치 작은 양털 구름 같았습니다. 아니면 양 모양의 인형 같았죠. 하지만 플립은 살아 있는 골든두들입니다. 골든 리트리버가 조금, 스탠더드 푸들이 상당히 섞였죠.

우리는 이 털북숭이 개를 집으로 데려왔습니다. 플립은 차를 타고 가는 내내 조용히 제 무릎 위에 앉아 주위를 둘러보았습니다. 우리는 집 앞에 도착했지만 차의 기어가 고장 났고, 피터는 구역질했죠. 하지만 이런 문제는 중요하지 않았습니다. 모두 해결할 수 있는 문제였

고, 중요한 건 플립이 집에 왔다는 점이니까요.

플립은 그때부터 몇 년 동안 우리와 함께해 왔습니다. 이제는 아기 양이 아니라 다 큰 양처럼 보이지만, 여전히 인형 같습니다. 정말로 털북숭이 인형 같아요. 외출 후 집에 도착하면 플립은 열정적으로 꼬리를 흔들며 우리에게 뛰어옵니다. 제가 글을 쓰고 있으면 플립은 제 무릎 위에 머리를 올려놓습니다. 플립은 눈앞에 길게 자란 곱슬곱슬한 털을 자르기 싫어하지만, 조용하고 의젓하게 잘 참습니다. 피터와 제가 포옹할 때 자신의 젖은 코를 들이댑니다. 플립과 제가 집에 같이 있을 때, 피터의 차가 들어오면 플립은 바로 알아챕니다. 피터가 현관문을 열기 5분 전, 플립은 꼬리를 흔들며 복도에서 기다리죠. 그리고 우리가 외출을 준비하면 함께 나가고 싶어 해요. 차의 트렁크가 열리면 그 안으로 뛰어듭니다. 플립은 항상 우리와 같이 있고 싶어 합니다. 이를 증명하려고 뇌 사진을 찍거나 실험실에 갈 필요가 없죠. 이 털북숭이가 우리와 함께 지내는 게 행복하다는 걸 표현할 때, 말은 한마디도 필요하지 않습니다.

이게 사랑이 아니라면, 무엇이 사랑일까요?

사람들은 종종 타인에게 빠져듭니다. 음, 빠져들고 싶은 사람이 있죠. 여러분은 항상 같이 있고 싶은 친구가 있나요? 그렇다면 아마 다른 사람보다 서로를 더 잘 이해할 수 있을 겁니다. 친구란 서로를 보호하고, 함께 놀며, 때로는 아무도 이해하지 못하는 그들만의 언어로 소통하죠.

사랑에 빠져 본 적 있나요? 사랑을 해 봤다면 아마 알 거예요. 사랑은 감정의 소용돌이라는 것을 말입니다. 사랑에는 기쁨도 있지만 질투, 슬픔, 분노도 있습니다. 사랑에 빠진다는 건 거대한 허리케인이 우리를 덮치는 것과 같습니다. 하지만 사랑에 빠질수록 정말 재미있어지죠.

여러분은 누가 누구를 가장 사랑하는지 알고 있나요? 쉽지 않은 질문입니다. 그럼 어머니나 아버지에게 한번 물어볼까요? 아마 높은 확률로 “나는 당연히 너를 가장 사랑한단다”라고 대답할 것입니다. 사람들은 아이가 생기면 보통 아이를 가장 사랑하게 됩니다. 태어난 아이가 얼마나 자주 짜증을 내는지와 상관없이 말입니다.

고양이나 기니피그도 매력적인 동반자를 보면 마음이 간질거리는지는 그들만이 알 수 있습니다. 하지만 많은 동물이 사람뿐만 아니라 다른 종과도 우정에 가까운 관계를 맺는 것은 분명합니다. 이들이 서로 함께하는 모습을 보는 것보다 더 확실한 증거는 없습니다.

동물들의 사랑

거대한 거북이가 풀밭에 편안하게 앉아 있습니다. 커다랗고 거친 비늘로 뒤덮인 발은 땅에 단단히 박혀 있습니다. 거북이는 푸른 잎을 뜯어 먹습니다. 바로 옆에는 호기심 많은 동물이 얌전히 채소를 먹고 있죠. 옆에 있는 동물은… 하마일까요? 말도 안 돼요. 하마도 거북이 못지않게 덩치가 큽니다. 하지만 덩치를 빼면 둘은 전혀 닮지 않았습니다.

2004년, 아프리카 케냐에서 갓 태어난 새끼 하마가 무리에서 떨어져 나왔습니다. 새끼 하마는 가족을 잃고 혼자 떠돌아다녔어요. 사람들은 지치고 탈수 상태에 빠진 새끼 하마를 몸바사에 있는 보호소로 데려왔습니다. 보호소 사람들은 새끼 하마에게 오웬이란 이름을 지어 주고, 몇몇 작은 원숭이와 거대한 거북이 므지와 같이 지내게 했습니다. 므지는 스와힐리어로 노인을 의미하며 130년을 살았습니다.

보통 하마는 얌전한 동물이 아니며, 공격적이기도 합니다. 그래서 그 누구도 오웬에게 친구가 생길 거라곤 생각하지 못했습니다. 하지만 오웬은 므지를 향해 천천히 걸어가더니 므지의 등껍질 위로 몸을 숙였습니다. 오웬은 편안했습니다. 오웬에게 엄마가 있었다면 하마로 사는 법을 배웠을지도 모릅니다. 하지만 지금은 므지가 오웬의 본보기였습니다. 그들은 동고동락했습니다. 거북이와 하마에게 흔한 일은 아니죠. 그리고 이 둘은 거북이 언어도, 하마 언어도 아닌 둘만의 언어로 소통했습니다.

므지는 거북 하마가, 오웬은 하마 거북이 되어 버렸습니다. 둘의 관계는 오웬이 므지보다 덩치가 더 커져 버렸을 때까지도 계속됐습니다. 이제는 몸이 커서 므지의 등껍질 뒤에 숨을 수 없었죠. 오웬은 하마 구역으로 옮겨졌습니다. 둘은 떨어지게 됐지만 오웬도 므지도 괜찮아 보였습니다.

서로 전혀 닮지 않은 동물들 간의 우정 이야기는 정말 많습니다. 그리고 그들의 우정이 가능하리란 것도 의심할 여지가 없죠. 어떤 동물은 정말로 사람을 사랑합니다. 뇌를 연구하는 한 미국인 교수는 고양이와 개 열 마리씩에게서 소량의 혈액을 채취했습니다. 그리고 이 동물들이 사람과 놀도록 내버려둔 뒤 다시 채혈했죠. 그러고는 사람과 놀기 전후의 포옹 호르몬 양을 측정했습니다.

결과가 어땠냐고요? 사람들과 논 후, 개의 혈액에는 고양이보다 다섯 배나 많은 포옹 호르몬이 흘렀습니다. 우리의 반려견은 우리를 사랑하는 게 분명해요. 그렇다고 해서 고양이를 쫓아낼 필요는 없습니다. 익숙하지 않은 환경 때문에 스트레스를 받아서 이런 결과가 나왔을 수도 있기 때문입니다. 고양이는 민감한 동물이거든요. 만약 주인과 집에서 편안하게 놀며 실험했다면 그들의 호르몬 수치도 더 높았을 것입니다.

포옹 호르몬은 반려견뿐 아니라 아기를 돌보는 엄마와 아빠에게서도 분비됩니다. 이 호르몬 때문에 곰, 원숭이, 코끼리 등 수많은 엄마와 아빠 동물은 사랑을 듬뿍 담아 아기를 보살피고, 때로는 자신의 목숨을 걸기도 합니다. 그중에서도 아이를 사랑하는 마음은 아마 엄마 코끼리가 최고일 것입니다. 엄마 코끼리는 딸을 평생 데리고 있고, 아들과 10년이 지나도록 함께합니다. 어린 코끼리는 운이 정말 좋습니다. 엄마 외에도 항상 보모나 할머니가 돌봐 주기 때문입니다.

어떤 동물은 짝을 아주 신중하게 고릅니다. 행동 생물학자 톰 로스는 동물원에서 짝짓기를 준비하는 오랑우탄을 연구합니다. 아주 중요한 연구이죠. 오랑우탄은 멸종 위기에 처해 있기 때문입니다. 수컷은 짝을 찾을 때 까다롭지 않지만, 암컷은 취향이 까다롭습니다. 종종 짝짓기를 위해 다른 동물원의 오랑우탄까지 모이기도 하는데요. 서로 잘 맞을지 아닐지 알아보는 것이 중요합니다. 톰은 오랑우탄용 데이팅 앱에서 일하는 것이나 마찬가지입니다.

엄마 와타나와 두 아들의 숙소에 데이트를 위한 터치스크린이 설치됐습니다. 와타나는 오랑우탄용 데이팅 앱을 사용할 준비가 됐습니다. 하지만 말만큼 쉬운 일은 아닙니다. 와타나의 아들인 카완과 바주가 꽤 말썽꾸러기이기 때문입니다. 와타나는 바주가 긴 팔을 흔들며 말썽을 부릴 무렵부터 앱을 사용했습니다. 바주는 엄마에게 몸을 던지고 화면을 마구 문질렀습니다. 톰은 스크린을 끄고, 바주가 자리를 옮기길 기다립니다. 일단 엄마 순서가 지나야 바주의 순서도 돌아올 테니까요.

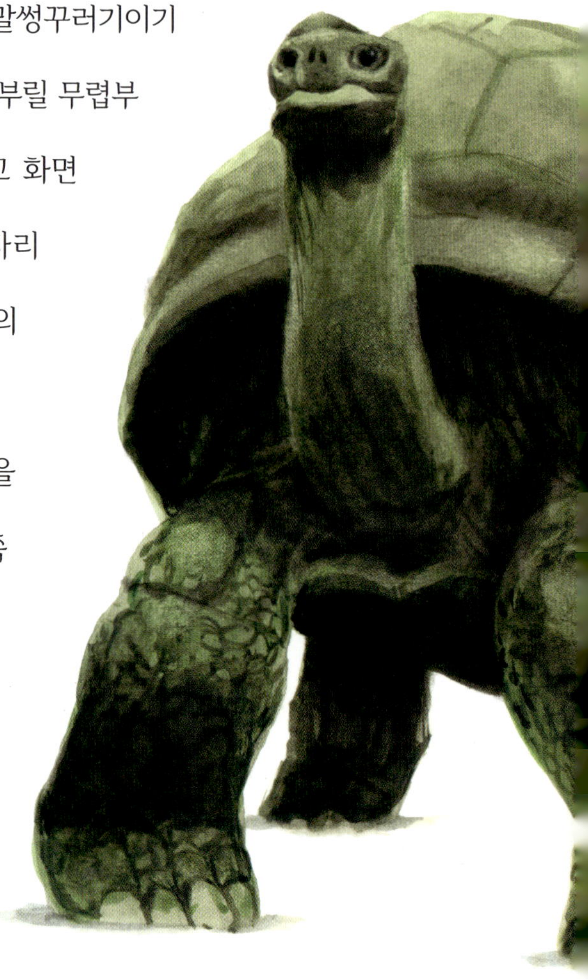

와타나는 선택한 색깔과 이미지가 상응한다는 것을 배웠습니다. 와타나가 녹색 점을 선택하자 얼굴 양쪽에 지방 조직으로 구성된 혹이 난, 나이 든 수컷 오랑우탄의 사진이 나타납니다. 빨간 점을 선택하면 혹 없는 어린 수컷의 사진이 나타납니다. 와타나는 둘 중 한 가지 색을 선택해야 합니다. 사진을 보고 나면 보상으로 해바라기씨를 얻습니다. 와타나는 어떤 스타일의 수컷과 저녁 식사를 함께하고 싶을까요? 와타나는 정답을 알고 있습니다. 16번이나 선택해야 했거든요. 와타나는 볼에 혹이 있는 나이 든 수컷을 보고 싶어 합니다.

하지만 오랑우탄 데이팅 앱이 진정한 사랑으로 이어질 가능성은 적습니다. 오랑우탄의 사랑은 낭만적이지 않거든요. 이들은 짝짓기한 후 이내 작별 인사를 합니다. 평생 한 명만 사랑하며 충실하게 지낸다는 건 사실 동화처럼 들립니다. 그게 가능하다고 생각한다면 당신은 일부일처제를 선호하는 것입니다. 일부일처제는 남편과 부인이 하나인 관계를 의미하죠. 사람은 일부일처제를 적극적으로 지지하는 동물로 알려져 있습니다. 하지만 사람을 포함한다 해도, 연인에게 평생 진실로 충성하는 동물은 거의 없습니다.

때때로 암컷은 좋은 유전자를 위해 여러 수컷을 선택합니다. 건강한 아기를 낳을 최고의 기회를 얻기 위해서요. 그 때문에 한배에서 태어난 새끼 고양이들의 아빠가 다르기도 합니다. 아주 긴 시간을, 때로는 죽을 때까지 같은 상대와 함께하는 소수의 종도 있습니다. 아자래올빼미원숭이는 사랑하는 상대에게 충성을 다합니다. 늑대, 맹금류, 앨버트로스, 백조와 같은 동물도 마찬가지입니다. 특히 백조는 영원한 사랑의 상징으로 유명합니다. 백조 두 마리가 마주하는 그 모습이 마치 하트처럼 보이거든요. 뭐, 약간 이상하긴 한가요? 백조들이 서로 오랜 시간을 함께하는 경우는 많습니다. 그건 사실이에요. 하지만 가끔 서로에게 화를 내며 밀어낼 때도 있습니다. 그리고 늑대들이 그러는 것처럼 매력적으로 보이는 다른 백조와 데이트를 하기도 합니다. 태어난 백조 아기들의 유전자가 이를 증명하죠. 대부분 아빠의 유전자와 같지 않습니다.

동물들은 우정을 맺고, 연인과 자녀를 사랑하고, 의리를 지키지만 외도하기도 합니다. 인간과 동물은 크게 다르지 않습니다. 또는 그 반대일지도 모르죠.

성별과 사랑

인간처럼 동물도 같은 성별끼리 사랑하기도 합니다. 펭귄 세상에서는 흔한 일이죠. 양도 마찬가지입니다. 수컷 양의 8% 정도는 수컷을 연인으로 선호한다고 합니다.

감정이란

감정이란 무엇일까요? 10명의 과학자에게 물어보면 저마다 다른 10개의 답이 나올 것입니다. 어떤 사람은 감정을 간단한 몇 문장으로 설명하고, 어떤 사람은 300개의 단어를 말한 다음에도 계속 말할 것입니다.

프란스 드 발은 자신의 책인 『마마와의 마지막 포옹(Mama's laatste omhezling)』에서 이렇게 설명했습니다. "감정이란 외부 자극이 불러일으키는 신체적 또는 정신적 상태입니다. 뇌, 호르몬, 근육, 내장, 심장, 긴장 등 신체와 정신의 특정한 변화로 감정을 알아챌 수 있습니다." 즉, 프란스는 감정을 측정하거나 볼 수 있다고 주장합니다. 이 말은 별로 복잡하지 않습니다. 당신도 기분이란 걸 느끼니까요. 어떤 과학자는 감정과 기분이 거의 같은 의미라고 설명합니다. 프란스 드 발과 같은 사람들은 그 말에 동의하지 않지만요. 프란스의 말에 따르면, 기분은 눈에 보이지 않습니다. 이는 얀 반 호프가 '우리가 아는 것을 아는 방법'에서 말한 것과 같습니다. 유인원이 느끼는 것은 오직 유인원만이 알 수 있습니다. 우리도 마찬가지입니다. 왜냐하면 내가 느끼는 감정을 다른 사람이 똑같이 느낄 수 없으니까요. 그렇지 않나요?

감정의 분류

감정의 정확한 분류에 대해 과학자들은 다양한 의견을 가지고 있습니다. 그리고 수많은 과학자가 기본 감정에 관해 연구를 시작했던 유명한 폴 에크만 교수(Paul Ekman)의 이론을 따릅니다. 이들은 모든 사람이 아는 여섯 개의 감정을 언급합니다. 공포, 분노, 슬픔, 혐오, 즐거움 그리고 놀라움입니다. 이 목록은 정기적으로 업데이트되고 있습니다. 목록에 사랑, 공감, 자부심과 같은 감정을 추가하는 사람도 있습니다. 이에 동의하지 않는 사람도 있죠.

동물의 감정

보셨다시피, 저는 에크만의 목록을 정확히 따르지 않았습니다. 두려움, 분노, 혐오, 기쁨 같은 기본 감정도 다루었지만 질투, 사랑, 애도, 공감, 육체적 고통과 같은 상태에 대해 이야기를 나누기도 했습니다. 이는 다양한 행동 생물학자 및 심리학자와 의논하고, 책과 연구를 살펴본 후 내린 결정입니다. 저는 독자들이 알아볼 수 있는 감정이라면 무엇이든 쓰고 싶었습니다. 그리고 과학자들이 연구 끝에 이야기할 수 있는 동물의 감정과 아름다운 예시가 있는 감정에 대해 얘기하고 싶었습니다. 예를 들면, 제가 왜 고통에 대한 장을 쓰고 싶은지를 정확하게 설명하는 예시이죠. 저는 독자가 동물이 느끼는 고통을 예상하지 못할 수 있기 때문에 이를 아는 것이 중요하다고 생각했습니다. 그리고 기본 감정인 슬픔 대신 애도를 선택했죠. 애도에 관한 책은 많고, 슬픔에 관한 책도 많지만, 그에 비해 발견된 내용은 적기 때문입니다. 사랑과 공감을 선택한 이유도 이 두 감정이 매우 중요하기 때문입니다. 사랑은 이 책에서 중요한 부분을 차지합니다. 사랑이 없다면 우리는 어떻게 살아갈까요? 이러한 이유로 저는 학자들의 도움을 받아 저만의 이야기를 써 내려 갔습니다.

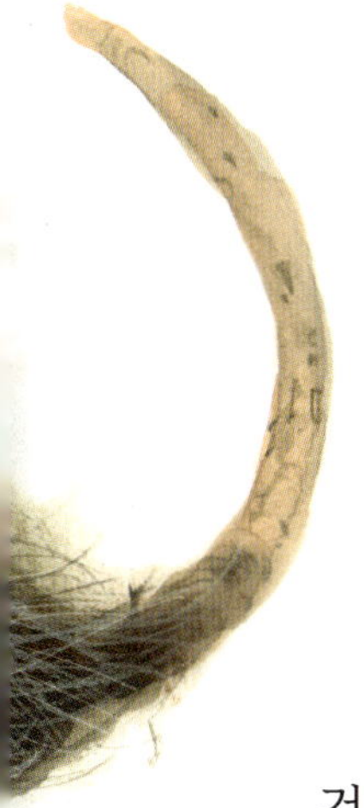

동물 실험에 대하여

이 책은 몇 가지 동물 실험을 담고 있습니다. 하지만 저는 동물 실험을 좋아하지 않습니다. 물에 젖은 쥐가 문 뒤에 앉아 친구가 자신을 구해 주기만을 기다리는 건 정말 슬픈 일입니다. 또 문어가 고통받고 있다는 것을 증명하기 위해 주사를 놓아야 한다니요. 우리는 왜 증거가 있어야만 믿는 걸까요? 저는 연구를 인용하는 데 확신이 없었지만 책에 담기로 했습니다. 동물에게 무한한 믿음을 주는 것도 나쁘지 않지만, 그런 믿음이 모두 사실은 아니기 때문입니다. 제가 바라는 것은 이러한 연구가 사람이 동물을 해치는 것을 막는 강력한 규제로 연결되는 것입니다. 갑각류와 연체동물에 대한 수백 가지의 연구 덕분에 영국 정부는 2021년에 바닷가재를 산 채로 삶는 일을 금지했습니다. 좋은 소식입니다. 동물 실험 또한 하루 빨리 금지된다면 좋겠습니다.

공상하는 동물

동물은 확실히 우리가 이 책에서 찾은 것보다 더 많은 감정을 느낍니다. 자랑스러움이나 놀라움을 느낄 수도 있죠. 인터넷에 검색해 보면 동물들이 죄책감을 느끼는 것처럼 보이는 영상도 있습니다. 과연 이 동물들이 정말 죄책감을 느끼는 걸까요? 그건 아무도 모릅니다.

우리는 아직도 동물의 감정에 대해 모르는 것이 많습니다. 여전히 많은 논쟁이 오가고 있죠. 그래서 훨씬 더 많은 연구가 이루어져야 합니다. 열 살인 카토는 이 책을 읽으면 동물도 공상하는지 알 수 있냐고 물었습니다. 안타깝게도 아닙니다. 하지만 저는 카토에게 물었습니다. 동물이 공상하면 안 되는 이유는 무엇일까요? 동물도 자신이 알지 못하는 감정을 느낄 수도 있습니다. 우리가 다음 세기에 동물에 대해 어떤 발견을 할지는 아무도 모르죠. 그 동안 우리는 마음껏 공상할 수 있습니다.

저자 후기

사실 예상했던 일이었습니다. 이 책을 쓰는 동안 저는 제 감정과 상태를 자세히 알게 됐습니다. 모든 감정이 튀어나왔어요.

특별하고, 재미있고, 아름다운 동물들

저는 이 책을 쓰며 개, 돼지, 원숭이, 범고래, 쥐, 문어, 물고기 등 수많은 동물에 대해 전보다 더 매혹됐습니다. 여러분도 그러길 바라며, 이 책의 이야기를 다른 친구들과 나누면 좋겠습니다. (이야기는 대화의 소재로 유용하게 사용될 수 있습니다.) 이 책은 우리 주변의 모든 동물이 얼마나 특별하고, 재미있고, 아름다운지 보여 줍니다. 앵무새든 물고기든, 마구간의 닭이나 돼지든, 야생의 오랑우탄이나 문어든 상관없이 말입니다.

책이 나오기까지

훌륭한 출판사인 틸러 돕이 이 책의 출판에 동의했을 때, 제 머릿속에 즉시 떠오른 삽화가가 있었습니다. 바로 마르크 얀선입니다. 종이에 동물을 생동감 있게 표현하는 삽화가는 찾기 힘듭니다. 그도 이 책을 쓰는 것이 좋은 생각이라고 느껴서 매우 즐거워했습니다. 또한 저는 네덜란드 문학 재단이 제 글쓰기를 지원한다는 이야기에 또다시 행복하게 춤을 췄습니다.

감사의 말

저는 아동 작가이지 생물학자가 아닙니다. 그래서 말도 안 되는 내용을 쓰지 않으려면 전문가의 도움이 필요했습니다. 저는 위트레흐트 대학의 생물학자인 클라우디아 빈케를 찾아갔습니다. 우리는 몇 시간 동안 이야기를 나눴고, 그녀는 제 글을 한 자 한 자 읽으며 조언해 주었습니다. 또한 마크 베코프, 크리스티안 반 데르 후벤, 바버라 킹, 마리스카 크레트, 톰 로스, 세실 사라비안과 같은 과학자, 전문가와도 심도 있는 대화를 나누었습니다. 프란스 드 발은 질투심 많은 모니크의 이야기를 재미있게 들려주었고요. 얀 반 호프는 저와 함께 시립 동물원의 유인원들을 보러 가 주었으며, 몇 시간 동안 세상에서 가장 아름다운 이

야기들을 들려주었습니다. 저는 수북이 쌓인 책과 기사를 읽었고, 전 세계 수십 명의 과학자가 찍은 영상을 보았습니다. 언제나 환상적인 편집자 하네르리, 피터르, 핍, 루루, 보빈 그리고 요커 역시 훌륭한 독자이자 사색가가 되어 주었습니다.

때때로 감정은 말로 표현하기가 힘듭니다. 제인 구달이 제 책의 서문을 쓸 거라고 했을 때처럼요. 저는 아직 그 누구에게도 이에 관해 이야기하지 않았습니다. 지구상의 모든 동물을 대표하여, 이 책에 대한 여러분의 지지와 여러분이 평생 동물들을 위해 해 온 모든 일에 대해 정말 감사드립니다.

출처

사람들

저는 수많은 과학자와 이야기를 나눴습니다. 몇몇과는 특정한 감정 또는 특정한 동물에 대한 이야기만 나눴지만, 그 이외의 사람들은 그 이상의 이야기를 들려주었습니다.

Marc Bekoff - 행동 생물학자, 환경학자, 진화 생물학자

Christiaan van der Hoeven - 행동 생물학자(세계 자연 펀드)

Jan van Hooff - 행동 생물학자, 영장류학자

Barbara King - 인류학자

Mariska Kret - 인지 심리학자(레이든 대학)

Inonge ReimerT - 행동 생물학자(바헤닝언 대학)

Tom Roth - 행동 생물학자, 영장류학자(레이든 대학)

Cécile Sarabian - 인지 생태학자

Claudia Vinke - 수의학자(위트레흐트 대학)

Frans de Waal - 행동 생물학자, 영장류학자, 심리학자

참고 자료

이 책을 쓰면서, 저는 아주 잘 알려진 학자와 그렇지 않은 학자를 다룬 수많은 책과 기사를 읽었습니다. 제 홈페이지인 www.lottestegeman.com에서 그 목록을 전부 찾아볼 수 있습니다. 저는 또한 수백 편의 동물 영화와 영상을 보았습니다. 그중 몇은 제 책에서도 찾아볼 수 있죠. 이 영화들은 www.lottestegeman.com/ikvoelikvoelwatjijnietziet에서 찾아볼 수 있습니다.

똑똑한 대화를 위한 딥 리딩 1

우리가 미처 몰랐던

동물의 감정

초판 1쇄 인쇄 2024년 4월 15일
초판 1쇄 발행 2024년 4월 26일

글 로터 스테허만
그림 마르크 얀선
옮김 최진영

펴낸이 김선식
펴낸곳 다산북스

부사장 김은영
어린이사업부총괄이사 이유남
책임편집 조현진 **디자인** 차다운 **책임마케터** 안호성
어린이콘텐츠사업5팀장 이현정 **어린이콘텐츠사업5팀** 조문경 조현진
어린이디자인팀 남정임 차다운
마케팅본부장 권장규 **마케팅3팀** 최민용 안호성 박상준 송지은
미디어홍보본부장 정명찬 **뉴미디어팀** 문윤정 이예주
편집관리팀 조세현 김호주 백설희 **저작권팀** 한승빈 이슬 윤제희 **제휴사업팀** 류승은
재무관리팀 하미선 윤이경 김재경 이보람 임혜정
인사총무팀 강미숙 지석배 김혜진 황종원
제작관리팀 이소현 김소영 김진경 최완규 이지우 박예찬
물류관리팀 김형기 김선민 주정훈 김선진 한유현 전태연 양문현 이민운

출판등록 2005년 12월 23일 제313-2005-00277호
주소 경기도 파주시 회동길 490
전화 02-704-1724 **팩스** 02-703-2219
다산어린이 공식 카페 cafe.naver.com/dasankids
종이 신승INC **인쇄** 북토리 **제본** 상지사 **코팅 및 후가공** 제이오엘앤피

ISBN 979-11-306-5164-4 (73490)

- 책값은 뒤표지에 있습니다.
- 파본은 본사 또는 구입한 서점에서 교환해 드립니다.
- KC마크는 이 제품이 공통안전기준에 적합하였음을 의미합니다.
- 이 책은 저작권법에 의하여 보호를 받는 저작물이므로 무단 전재와 복제를 금합니다.

Ik voel ik voel wat jij niet ziet
by Lotte Stegeman & Mark Janssen

© 2022 text by Lotte Stegeman, illustrations by Mark Janssen
Originally published by Uitgeverij Luitingh-Sijthoff B.V., Amsterdam
Korean Translation © 2024 by Dasan Books
All rights reserved.

The Korean language edition published by arrangement with
Uitgeverij Luitingh- Sijthoff B.V. through MOMO Agency, Seoul.

이 책의 한국어판 저작권은 모모 에이전시를 통해 Uitgeverij Luitingh-Sijthoff B.V. 사와의 독점 계약으로 (주)다산북스에 있습니다. 저작권법에 의해 한국 내에서 보호를 받는 저작물이므로 무단전재와 무단복제를 금합니다.

똑똑한 대화를 위한 딥 리딩

우리가 미처 몰랐던 동물의 감정

딥 리딩 워크북

똑똑한 대화를 위한 딥 리딩

우리가 미처 몰랐던 동물의 감정

딥 리딩 워크북

다산어린이

딥 리딩 워크북 활용법

- 딥 리딩 워크북은 《우리가 미처 몰랐던 동물의 감정》을 읽은 후 내용을 깊이 이해하고 생각을 정리할 수 있도록 구성되었습니다.
- 딥 리딩 워크북은 총 4단계로 이루어져 있습니다. 단계에 따라 문제를 풀거나 생각을 쓴 뒤 함께 대화를 나누면 좋습니다.

· 차례

똑똑하게 내 생각 정리하기

D/R 3단계

주제를 넓혀 대화 나누기

D/R 4단계

D/R
1단계

동물의 감정 어휘

사람들은 동물을 의인화하고 있어. 인간의 감정을 표현하는 단어로 동물의 감정을 설명하지. 인간의 감정은 보통 공포, 분노, 슬픔, 혐오, 즐거움, 놀라움 여섯 가지로 분류해. 이 책에선 여섯 가지 감정 외에 다양한 감정을 다루고 있지. 그 감정에 대해 자세히 살펴볼까?

질투

질투는 사랑하는 대상이 내가 아닌 다른 사람을 좋아할 때 생겨. 또는 다른 사람이 잘되거나 좋은 처지에 있는 걸 미워하고 깎아내리고 싶은 마음이야.

즐거움

즐거움은 마음에 거슬리는 게 없이 흐뭇하고 기쁜 감정이야. 즐거우면 웃음이 나고 행복해져.

혐오

혐오는 꺼리거나 미워하는 마음이야. 무언가를 싫어하거나 더럽다고 느낄 때 주로 생기지.

애도

죽음을 슬퍼하는 마음이야. 이 감정이 들면 우리는 우울해지거나 평소와 다른 행동을 보이기도 해.

공감

다른 사람의 감정이나 의견에 나도 그렇다고 느끼는 기분이야. 우리는 공감을 통해 가까워지고, 서로를 배려할 수 있어.

고통

몸이나 마음이 괴롭고 아플 때 느끼는 감정이야. 감기에 걸리거나 넘어져서 다쳤을 때, 누군가에게 상처가 되는 말을 들었을 때 고통스러움을 느껴.

사랑

어떤 사람이나 존재를 아끼고 귀중히 여기는 마음이야. 누군가를 사랑하면 자꾸 보고 싶고, 알고 싶어지지.

너는 어떨 때 질투, 즐거움, 혐오, 애도, 공감, 고통, 사랑을 느껴? 자유롭게 떠올려 보자.

D/R
1단계

어려운 단어 풀이

책에는 감정이나 과학에 관련된 단어가 많이 나와. 어려웠던 문장의 뜻을 다시 살펴보고 본문에서 빈칸을 채워 보자. 단어가 사용된 문장을 함께 익히면 절대 잊어버리지 않을 거야!

의인화 사람이 아닌 것을 사람처럼 비유하여 표현하는 방법이다.

진화 지구상의 생물들이 살아가면서 환경에 적응하고 발전해 가는 과정이다.

호르몬 우리 몸 내분비관에서 분비되는 화학 물질로, 우리 몸의 여러 활동을 조절한다.

유인원 긴팔원숭잇과와 성성잇속에 속하는 포유류를 통틀어 이른다. 긴팔원숭이류, 고릴라, 오랑우탄 등이 있다.

"사랑하는 사람이나 동물을 껴안으면 옥시토신이 분비됩니다. 옥시토신은 흔히 '포옹 ○○○'이라고 불리며, 행복한 감정을 느끼게 해 줍니다." p27

"○○는 매우 느리게도, 빠르게도 이루어졌습니다. 환경에 잘 적응하는 식물과 동물만이 살아남았죠." p22

"동물도 사람처럼 미친 듯이 사랑하고, 질투하고, 기뻐할까요? 글쎄요. 동물이 우리와 똑같은 방식으로 감정을 느끼는지는 알 수 없습니다. 하지만 우리는 종종 동물을 '○○○'하곤 하죠." p16

"○○○은 유전자상으로는 인간과 매우 가깝습니다. 개는 소파에 함께 앉거나 노는 모습이 인간과 닮았지요. 이들에게 질투라는 감정이 있다는 사실은 크게 놀랄 만한 일이 아닙니다." p46

우리가 보는 책이나 만화 등에서 의인화가 많이 사용되고 있어. 동물 캐릭터가 주인공이 되어 사건을 해결하거나 동물 영상에 사람이 더빙을 해서 목소리를 입히는 것도 의인화라고 볼 수 있지. 실제로 동물들이 어떤 생각을 하고 어떤 말을 하고 싶어 하는지는 아무도 알 수 없지만 말이야.

답: 호르몬/ 진화/ 의인화/ 유인원

D/R
2단계

그림을 보고 맞추는 동물의 감정

동물도 기쁨과 슬픔을 얼굴 표정과 행동으로 표현해. 1단계에서 익힌 감정 어휘를 활용해 동물의 감정을 추측해 봐.

놀이터에서 트램펄린을 타는 보노보의 감정

동물 병원에 가기 싫은 개의 감정

목욕이 너무 좋은 잉꼬의 감정

친구들과 노는 게 좋은 돼지의 감정

똥 밟은 원숭이의 감정

반려인을 지그시 바라보는 개의 감정

다리 하나가 잘린 문어의 감정

동물도 사람처럼 웃고, 울고, 아파하고, 사랑을 나눠. 말을 하지 못한다고 함부로 대해도 되는 존재는 없어.

답: 즐거움/ 공포/ 즐거움/ 즐거움/ 혐오/ 사랑 / 고통

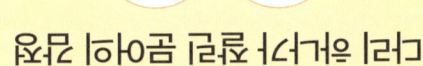

D/R
2단계

딥 리딩 간단 퀴즈

이제 동물의 감정에 조금 더 가까이 다가간 기분이 들어? 책의 내용을 떠올리며 새롭게 배운 용어를 머릿속에 넣어 보자.

- 특별히 제작된 터널에 누운 사람이나 동물을 강한 방사선으로 사진을 찍어 관찰하는 감정 연구 방법은 무엇일까?

- 사랑하는 사람이나 동물을 껴안았을 때 나오는 포옹 호르몬은 무엇일까?

- 적외선 카메라로 체온을 측정해 화면으로 진단하는 감정 연구 방법은 무엇일까?

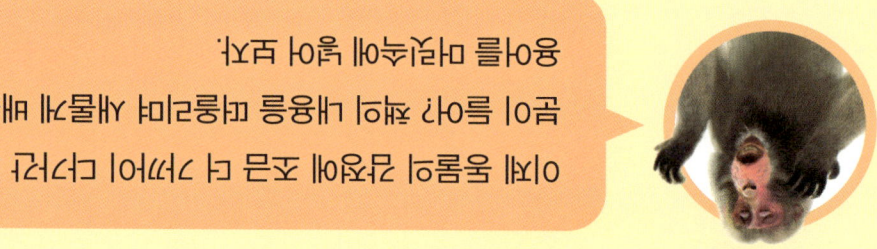

☆ 청소년기의 수컷 코끼리도 우리처럼 쉽게 화를 내고 다혈질로 변하기도 해. 무슨 호르몬 때문에 충동적으로 행동하는 것일까?

☆ 우리는 뜨거운 팬이나 날카로운 물체를 만지면 자기도 모르게 손을 피합니다. 이것을 통해 통증을 느끼기 때문이지. 이것을 통해 우리의 뇌는 손을 보호해. 이것은 무엇일까?

☆ 신경계는 무엇으로 이루어져 있을까? 세 가지를 적어 봐.

☆ 이 동물은 같은 성별끼리 사랑에 빠지기도 해. 평소에 곧추 서서 걷고, 헤엄치기 알맞게 지느러미 모양의 날개를 갖고 있고, 짧은 깃털이 온몸을 덮고 있는 이 동물은 누구일까?

답: FMRI/ 옥시토신/ 서모그래피/ 테스토스테론/ 신경계/ 신경, 척수, 뇌/ 펭귄

우리는 책에서 동물이 느낄 수 있는 다양한 감정과 동물의 감정을 연구하는 방법 등을 배웠어. 간단한 O X 퀴즈로 읽었던 내용을 다시 떠올려 볼까?

	O	X
보노보도 사람처럼 간지럼을 탄다.		
코끼리는 무서움을 느끼지 못한다.		
침팬지도 다른 침팬지를 따라서 하품한다.		
물고기는 아픔을 느끼지 못한다.		
곰은 청소년기에 자주 화를 내고 충동적으로 행동한다.		

	○	×
문어도 우리처럼 도구를 사용해 음식을 쉽게 먹으려고 한다.		
바닷가재는 고통을 느끼지 못한다.		
쥐는 친구를 구하는 대신 먹을 것을 선택한다.		
돼지는 공포를 느끼면 소리를 지르고 눈물을 흘린다.		
벌은 말할 수 없기 때문에 서로 의사소통이 불가능하다.		

답: O / X / O / X / O / O / X / X / X / O / X

D/R
3단계

책 속에서 찾는 대화 주제

책을 읽으며 우리는 우주처럼 넓고 깊게 생각을 확장할 수 있어. 책 내용 속 주제를 통해 친구나 가족과 함께 자유롭게 얘기해 보자.

☆ 동물도 우리처럼 엉뚱한 상상을 할까? 무슨 상상을 할까?

☆ 올빼미는 혼자 무엇을 하며 놀까? 코끼리나 돌고래, 쥐는 어떤 놀이를 할까? 자유롭게 상상해 보자.

동물들도 서로 처음 보면 어색할까? 서로 어떻게 친해질까?

동물의 말을 번역하는 번역기가 발명되면 세상은 어떻게 달라질까?

동물에게 한층 더 가까워진 것 같지 않아? 위 주제 말고 떠오르는 이야기가 있다면 자유롭게 적어 보자.

D/R
3단계

동물의 감정을 느꼈던 나의 경험

동물병원에 가지 않겠다고 병원 앞에서 꼼짝도 안 하던 가이아의 이야기를 읽으면서 우리 집 강아지가 생각났어. 우리 집 강아지는 아주 어릴 때 갔던 동물병원 근처만 지나가도 엉덩이를 땅에 붙이고 주저앉거든.

동물원에서 동물을 보고 있으면 그들의 감정이 느껴져. 사육사가 좋아서 졸졸 따라다니는 판다를 본 적 있거든. 관람객이 너무 많아지면 귀찮다는 듯이 귀를 막고 웅크리는 여우도 있었어.

나는 동물원에 있는 침팬지가 물이 담긴 욕조 안을 빙글빙글 돌며 춤추는 영상을 본 적 있어. 영상을 볼 때는 물이 좋아서 춤을 춘다고 생각했어. 그런데 우리가 동물의 감정을 인간의 관점에서 바라보고 있다는 걸 알게 되니까 과연 침팬지의 행동이 기뻐서 추는 춤인지 잘 모르겠어.

맞아. 우리는 동물의 표정과 행동을 인간의 관점에서 해석하곤 해. 하지만 확실한 것은 동물에게도 표정과 행동으로 표현하는 감정이 있다는 사실이야.

동물의 감정을 느꼈던 경험을 떠올려 봐!

D/R
3단계

동물과 대화를 나눌 수 있다면

한참 즐겁게 목욕하는 루트에게 손가락을 내밀었을 때 루트가 돌아서서 다시 물속으로 들어간 거 기억해? 우리는 동물과 언어로 의사소통하긴 힘들지만, 행동과 표정으로 충분히 교감할 수 있어.

맞아. 새끼 보노보가 간지럼을 계속 태워달라고 표현하는 것처럼 말이야. 강아지가 계속 만져달라고 반려인을 툭툭 건드리는 영상을 봤는데, 서로 말할 순 없지만 충분히 대화를 나누고 있다는 생각이 들었어.

게다가 강아지는 자기 이름을 알아듣고, 반려인의 지시에 따르기도 하고, 분위기를 읽고 행동하기도 하지. 훈련을 하면 1000개의 단어를 기억하는 것도 가능하다고 해.

얼마 전에 재밌는 영상을 봤는데, 식탁에 라쿤이 앉아 청포도를 먹는 장면이었어. 반려인이 청포도를 뺏는 시늉을 하니까 라쿤이 뺏어가지 못하도록 손으로 막더라고. 말을 하지 않아도 행동으로 느낄 수 있었어. "내 청포도 가져가지 마!" 하는 걸 말이야.

어떤 동물과 대화를 나누고 싶어?

그 동물에게 물어 보고 싶은 것 세 가지만 꼽아 봐.

그 동물이 되어 위 세 가지 질문에 대한 답을 상상해 봐.

D/R 4단계 관점을 바꿔 생각해 보기

공감은 다른 사람의 감정을 마치 내 감정인 것처럼 느끼는 거야. 우리는 공감을 통해 다른 사람을 이해하고 가까워질 수 있어. 관점을 바꿔 생각하는 것은 공감 능력을 높이는 데 도움이 된단다. 한번 동물의 관점에서 감정을 상상해 볼까?

예시

- 반려인이 오기만을 집에서 기다리는 강아지
- 맛있는 청포도를 먹고 있는 라쿤
- 혼자 있고 싶은데 반려인이 자꾸 만져서 자리를 옮기는 고양이
- 길을 가다 코끼리 뼈를 발견해 가족이나 친구가 아닌지 살펴보는 코끼리
- 죽은 가족을 구덩이에 파서 넣은 뒤 흙으로 덮고 있는 오소리
- 해초를 던지며 재밌게 노는 고래

☆ 어떤 동물이 되어 보고 싶어?

☆ 그 동물이 즐겁고 슬프고, 우울하고, 사랑을 느낄 때는 언제일까?

☆ 그 동물은 감정을 어떻게 표현할까?

D/R 4단계

동물과 함께 살아가는 법

사람들은 지구에서 다양한 동물과 함께 살아가고 있어. 환경 문제로 멸종 위기에 처한 동물도, 사람의 이기심으로 고통을 받는 동물도 많지. 어떻게 동물들과 더불어 함께 살아갈 수 있을까?

예시

- 멸종 위기에 처한 동물들은 누가 있을까?
- 멸종 위기에 처한 동물을 구하려면 어떻게 해야 할까?
- 동물원에 대해 어떻게 생각해?
- 동물 실험에 대해 어떻게 생각해?

예시를 참고해 '동물과 함께 살아가는 법' 세 가지를 적어 보자.

똑똑한 대화 노트

지금까지 익힌 책의 내용과 워크북에 정리한 생각을 토대로 자유롭게 대화를 나눠 봐. 정답은 없어. 대화 내용을 요약해도 좋고 떠오르는 생각을 낙서처럼 적어도 돼.

예시

- 책에서 가장 인상 깊었던 내용이 있어?
- 책을 읽으며 이해하기 어려웠던 부분이 있어?
- 내가 평소에 알고 있던 것과 다른 내용이 있다면?
- 책에서 새롭게 배운 내용은 뭐야?
- 이 책을 읽고 나서 달라진 점은?
- 책을 읽고 느낀 내용을 자유롭게 적어 보자.

너의 생각을 자유롭게 표현해 봐. 정해진 형식은 없어.